DIESES BUCH GEHÖRT

IMPRESSUM

1. Auflage 2021

Lektora GmbH

Schildern 17-19

33098 Paderborn

Tel.: 05251 6886909

Fax: 05251 6886815

www.lektora.de

Druck Standartu spaustuve, Vilnius

Gestaltung Camille Köhler

Coverfoto Philipp Treudt

Idee Andre Lux

Lektorat Johannes Floehr, Denise Bretz

Printed in Lithuania

JOHANNES FLOEHR
& ANDRE LUX

(Hrsg.)

ABEND KASSE

EURE SCHLIMMSTEN BÜHNENSTORYS

Gelayoutet von
Camille Köhler

JOHANNES FLOEHR

Der sympathische Zwei-Meter-Mann aus Krefeld (* 1991) steht selbst regelmäßig auf Bühnen und erzählt dort Witze, liest einen seiner Texte vor oder moderiert. Mit seiner "Kunst" hat er es bereits ins Fernsehen, die Elbphilharmonie sowie aufs Cover mehrerer Bücher geschafft, zum Beispiel bei diesem hier. Zuvor erschienen seine Werke "Buch" (2018) und "Dialoge" (2019), ebenfalls im Lektora-Verlag. Sein aktuelles Programm heißt "Ich bin genau mein Humor". Die Süddeutsche Zeitung schrieb: „Das Lustigste, was derzeit auf deutschsprachigen Bühnen zu finden ist!" – zwar nicht über ihn, aber das kommt ja vielleicht noch. Auf Twitter heißt er @uerdinger.

ANDRE LUX,

geboren 1983 in Nagold im Schwarzwald, begann bereits 1994 als Schüler mit dem Zeichnen von Strichfiguren-Cartoons unter dem Namen EGON FOREVER! und hat bis heute nicht damit aufgehört (und sein Handwerk kaum verbessert). Er veröffentlicht seine humoristischen Zeichnungen regelmäßig in der Pop-Presse, dem Internet und ist bundesweit auf diversen Comicmessen anzutreffen. Jahrelange Aktivitäten in der Kulturszene, Bühnenerfahrung dank Gründung vieler unhörbarer Bands und bundesweite Touren als Solokünstler Autobot sowie seine Lesungen als Comiczeichner inspirierten ihn zum Vorgänger dieses Buchs, das DIY-Fanzine „Für Spritgeld und Bier".

Abendkasse

PAUSE OHNE ENDE

SETLISTE

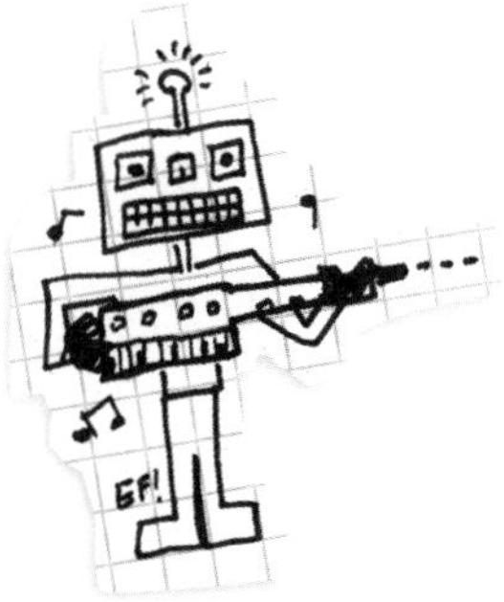

1.

VORWORT

ANDRE LUX

Ich habe dieses Vorwort schon einmal geschrieben. Für ein ähnliches, sehr viel kleineres Projekt, aber mit derselben Idee: Anfang 2021 rufe ich dazu auf, dass mir Leute aus dem Veranstaltungsbereich ihre schlimmsten Erlebnisse von auf, vor, hinter oder neben der Bühne zusenden sollen. Außerdem sammle ich nebenher fleißig ebensolche Anekdoten von Menschen, die mir über all die Jahre, in denen ich selbst als Musiker und Strichfigurenkünstler unterwegs war, so begegneten. Ich will der Frage nachgehen, was trotz manch furchtbarer Erlebnisse so faszinierend ist am Mitwirken im Kunst- und Kulturbetrieb und, weil mir bewusst wird, wie sehr mich Live-Veranstaltungen bereits mein Leben lang begleiten. Ein toller Nebeneffekt dabei ist, dass ich in den Genuss wirklich unterhaltsamer und bis dato exklusiver Storys und Tatsachenberichte komme. Am Ende setze ich damit ein bereits seit Jahrzehnten in meinem Oberstübchen reifendes Projekt um: „Für Spritgeld und Bier", ein kleines A5-Fanzine mit den ganzen gesammelten Geschichten, von mir selbst gestaltet, verkauft und versendet. Selbiges schafft zwei Auflagen bis ich irgendwann, nach nächtelangem Verpacken der Hefte, am Schreibtisch in mich zusammenfalle. Die Arbeit hat sich aber gelohnt, denn zum einen spende ich die Hälfte aller Verkäufe an das Team vom Goldmark's / Universum in Stuttgart und zum anderen spricht mich nach einer Podcastaufnahme der ulkige Poetry Slammer Johannes Floehr, der selbst eine Story im Heft unterbrachte, darauf an, warum es keine noch längere, größere und professionellere Version dieser Sammlung geben könnte. Er bietet mir an, das Projekt mit ihm fortzusetzen und zwar mit der Unterstützung eines Verlags im Rücken. Müde und glücklich sage ich ihm direkt zu. Die schiere Flut an Zusendungen und die unglaublich positive Resonanz auf „Für Spritgeld und Bier" zeigt mir, dass die Menschen gerade einen ähnlichen Bedarf an Gruselgeschichten von Kulturevents

haben wie ich. Egal, ob kleine Punkrockshow im Jugendhaus, Theater, Lesung oder klampfende Singer-/Songwriter, die es nicht hinbekommen, ein Drei-Akkorde-Stück unfallfrei Richtung Publikum zu bugsieren. Nicht nur als Künstler fehlten mir in Pandemiezeiten diese Bühnenmomente, sondern eben auch als Konsument und vor allem sind es die Situationen rund um solche Veranstaltungen, die den Besuch so spannend und im Nachhinein so interessant machen, denn es gibt doch immer irgendwie Erlebnisse, die später zu Anekdoten werden: ein Catering zum Abkotzen, unerträgliche Veranstalter, rüpelhaftes Publikum, unfreiwillige Bekanntschaften und ein abenteuerlicher Anfahrtsweg. Am Ende des Tages werden Biermärkchen versoffen, Schweiß weggewischt, ein Merchandiseprodukt verkauft und es geht irgendwann wieder nach Hause. Aber ob es nun eine Person war oder tausende: Irgendjemand nimmt etwas von so einem Abend mit, auch wenn es kein prächtiger Batzen Geld oder unendlicher Fame ist.

Ich hoffe, euch unterhalten die sehr vielfältigen Geschichten mit völlig unterschiedlichen Perspektiven und Wahrnehmungen hinsichtlich “schlimmer Erlebnisse” genau so wie Johannes, mich und alle anderen Beteiligten. Waren es im ursprünglichen Heft noch ausschließlich meine Zeichnungen, haben wir (auch mit der Hilfe vom Vogeltobi von @kriegundfreitag) für dieses Buch ein paar wirklich schöne Illustrationen zugesandt bekommen, die gefallen euch hoffentlich auch.

Viel Spaß mit Abendkasse –
Eure schlimmsten Bühnenstorys

EUER
LUX

2.
VORWORT

JOHANNES FLOEHR

> "LIVE SPIELEN IST AM GEILSTEN,
> KEIN STREAM KANN DAS LEISTEN.
> —
> SIMON SLOMMA

Leude,

gelungene Auftritte vor vollen Häusern sind toll, gar keine Frage. Aber von denen will doch niemand hören. Beim Flurfunk der Kulturschaffenden, im Backstageraum, erzählt man sich am liebsten von Shows, bei denen etwas danebenging. Die Technik streikte, das Publikum gähnte oder fehlte gänzlich und das Buffet bestand aus abgelaufenen BiFi-Würstchen & Jever Fun. Und dann ist der Tourbus explodiert. Zweimal. Dabei lag im Handschuhfach doch noch der ausgefüllte GEMA-Bogen! Ärgerlich. Aber genau aus diesen unangenehmen Erlebnissen resultieren später oft die schönsten Geschichten. Niederschmetternd und tröstend zugleich. Also haben der seriöse Witzbildzeichner Andre Lux und ich hunderte Menschen aus unserem (erweiterten) Umfeld kontaktiert, mit der Bitte, sich an schlimme Auftritte zurückzuerinnern. Sicher haben wir dabei die ein oder andere Wunde aufgerissen: Sorry! Einige haben aber auch gesagt, sie könnten sich da gar nicht so recht an wirklich unangenehme Shows erinnern. Was entweder eine Lüge oder eine Unverschämtheit ist. Zumindest habe ich mir nach dem x-ten mäßigen Auftritt inzwischen eingeredet, dass die halt mit dazugehören, so wie die leidige Frage, ob man denn davon leben könne. (Bitte nie wieder jemanden fragen! Nie wieder!) Mir sind jedenfalls ganz viele eingefallen, leider. Oder zum Glück? Zum Beispiel bin in meiner Heimat Krefeld mal auf einem sechzigsten Geburtstag aufgetreten und habe, dort angekommen, das Geburtstagskind gefragt, ob sie sich denn irgendwelche meiner Texte wünsche. Sie kenne mich gar nicht, sagte sie, ich sei ihr empfohlen worden, aber Gedichte wären schön. Ich habe in meinem Leben noch kein einziges Gedicht geschrieben, das länger ist als vier Zeilen. Während meines kläglichen Auftritts wurde das Büffet eröffnet, als Publikum übrig blieben ein alter Mann und ein Hund. Ich bin danach nicht weiterempfohlen worden. Aber alles Gute nochmal. Oder als ich mal mit dem Taxi zu einem Veranstaltungsort gefahren bin und mich der Taxifahrer gefragt hat, wer da denn heute auftreten würde. "Ich", sagte ich, er musterte mich von oben bis unten, sagte: "Oh" und schwieg den Rest der Fahrt. Ein ganzes Buch lässt sich mit solchen Geschichten füllen und exakt das haben wir ja jetzt auch gemacht. Wir haben dafür sehr viele, tolle, schöne, unangenehme und herrliche Geschichten und Comics zugesendet bekommen, wofür ich mich an dieser Stelle herzlich bedanken möchte. Bewusst haben wir die Storys unkommentiert sowie unsortiert gelassen. Beim Gendern halten wir es ebenso wie die ZEIT bei ihren freien Autor*innen: Wir haben den Menschen hinter den Geschichten selbst überlassen, ob, und falls ja, wie sie gendern. Wer eine Meinung zu diesem Thema hat, sei herzlich dazu eingeladen, sie mir über den Messengerdienst „ICQ" unter der Nummer 240-754-252 zukommen zulassen. Ich werde sie dann ignorieren. Auf den kommenden Seiten wird dann jetzt das Scheitern komplett ins Romantische verklärt, der Scheinwerfer wird voll draufgehalten auf die dunkelsten Stunden von Bands, Comedians, Moderator*innen, Autor*innen, Schauspielenden und anderen Menschen aus der Kulturbranche. Aber, und das ist wichtig, nicht aus Schadenfreude, sondern aus Liebe zur Bühne, als klares Bekenntnis zum Scheitern; nur wer beschissene Auftritte hatte, weiß die tollen zu schätzen. Behaupte ich jetzt mal. Stimmt natürlich nur so halb und lässt sich auch nur dann großmundig behaupten, wenn der letzte beschissene Auftritt schon etwas her ist, egal, ich schweife ab, genug gelabert. Jetzt soll es endlich losgehen. Auch von mir: Viel Spaß und hoffentlich eine gute Zeit.

Euer Johannes
Floehr

PS: Ach, das noch: Über die Mailadresse SPRITGELD@GMX.DE kann man uns gerne weiterhin Storys einschicken. Falls es mal einen Nachfolger für dieses Buch geben wird oder so. Wofür man aber auch auf Veranstaltungen gehen muss! Also geht auch auf Veranstaltungen! Kultur! So geil! Und wichtig! Kultur ist unsere Zukunft! Und Kinder! Ich schweife schon wieder ab! Sorry!

1. HÄLFTE

DANIEL DITTUS 90 – FLORIAN HACKE 76

ANJA RÜTZEL 48 – INGO DONOT 66

CHRISTOPH 86 – ERIN CROUCH 78 – OLI 95

CLEMENS FREY 105 – SARAH BURRINI 79

CARLOS ANDRES 102 – CORINNE STEUDLER 97

JAROMIR KONECNY 103 – COREMY 78

TOBY HOFFMANN 40 – DRAGAN JORDANOV 41

ELF 95 – SVEN ROSENKÖTTER 101

GABRIEL VETTER 110 – SEBASTIAN 23 96

LARA STOLL 97 – DANIEL DECKER 100

PATRICK SALMEN 77 – THOMAS GSELLA 80

GERD SCHIFFMEISTER 94 – GENTLEMAN 74

QUICHOTTE 71 – STEFANIE SCHRANK 111

TIMON KRAUSE 73 – JOHANNES FLOEHR 67/87

MARK BENECKE 88 – MATTHIAS BAUMUNK 104

ÉLAINE TOURETTE 92 – AYLIN CELIK 107

AUDIO88 82 – JAN VAN WEYDE 98

MICKY BEISENHERZ 84 – MARIE RAUSCHEN 108

GAVIN KARLMEIER 106 – LISA FELLER 104

PAUL BOKOWSKI 19 – JOHANNES ELSTER 25

TABEA HILBERT 16 – JANA FUHRMANN 18

ING FERNO 38 – MICHAEL OHNGEMACH 15

GRILLMASTER FLASH 16 – PORKY 60

DANIEL ZOLNIERKIEWITSCH 12 – ULI 64

OVE THOMSEN 60 – NILS FRENZEL 45

HENNING KALLWEIT 46 – VALERIO MOSER 35

ALEX STINSON 36 - WALDO KARPENKIEL 14

KRISTINA SOMMER 52 – SORRY3000 21

ANDREA VOLK 75 – LINA FARAH 33

ALEX STINSON 99 – MORITZ KEHLE 112

TOBY HOFFMANN 40 – DRAGAN JORDANOV 41

MORITZ NEUMEIER 40 – 3PLUSSS 36

MATTHIAS SCHMID 55 – TRISTAN 53

DIE LOGONAUTEN 58 – PETER KÖHLER 47

JUDITH HOLOFERNES 37 – JAKOB AMR 13

JULIA GAMÉZ MARTIN & ARIANE MÜLLER 30

LUCA SWIETER 55 – FÖ 20 – EAVO 52

NINIA LAGRANDE 58 – TIMO SAUER 56

LARA ERMER 70 – JAN SCHMIDT 14

HINNERK KÖHN 53 – CHRIS DER BERG 62

SSYNIC 61 – JEAN-PAUL PRÜM 39

SARAH JUNG 99 – SIMON PEARCE 113

DOMINIK HAMMES 50 – LISA WHO 69

WILLI BÜCKING 68 – MATEA BUZUK 26

PANIK PANZER 58 – FLORIAN 44

Daniel Zolnierkiewitsch

BASSIST (HELL & BACK)

Ein Kumpel von uns arbeitet beim Fernsehen und hat uns einen Gastauftritt für die Weihnachtsepisode von “1, 2 oder 3” verschafft, wo Künstler gesucht wurden, welche Weihnachtslieder vertonen. Wir hatten uns aufgrund des nicht Punkrock-Polizei-konformen Weihnachtsthemas mit unserem Alter-Ego-Namen “Knack & Back” angemeldet. Zu unserer Überraschung wurden wir dann bei der TV-Ausstrahlung ohne vorherige Rücksprache als “Die Weihnachtswichtel” angekündigt. Das Produktionsteam hatte befürchtet, dass es Ärger mit dem Hersteller der Aufbackbrötchen gleichen Namens geben könnte. So was hätte es im Autonomen Jugendzentrum Schimmelkotze nicht gegeben.

HUGLEIKUR DAGSSON

Jakob AmR

SÄNGER (LEONIDEN)

Campusfestival in Leipzig, müsste 2015 gewesen sein. Lennart, unser Gitarrist, ist schon seit er Musik macht eine wilde Gestalt auf der Bühne, der sehr viel rumtanzt und seine Gitarre herumschleudert. Und sein Ding war, vor den Konzerten immer zu kotzen. "8 Mile-Style", wie Eminem. Er hat einfach immer gekotzt. Vor dem Konzert in Leipzig bis kurz vor dem Konzert noch nicht. Im Bühnengang ist ihm aber aufgefallen, dass dieses Ritual wohl doch irgendwie sein muss, und weil er keinen besseren Ort gefunden hat, hat er dann hinten in seinen Verstärker reingekotzt. Dann ab auf die Bühne, das Konzert hat er ganz "normal" gespielt. Bis es dann zum obligatorischen Gitarre-Schleudern kam. Das Konzert war in der Mensa der Uni Leipzig mit relativ flacher, gekachelter Decke und er hat dann mit seiner Gitarre eine dieser Kacheln aus der Decke gehauen und kaputtgemacht. Eine Woche später kam die Rechnung für die Mensadecke, die leider höher war als die Gage für den Auftritt.

Waldo Karpenkiel

SCHLAGZEUGER (U.A. BEI KOLLEKTIV, BRÖSELMASCHINE & TOO FUNKY)

Würzburg ca. 1976/ Club Omnibus/ Theatergasse, Fußgängerzone/ Gig ist beendet/ möchte meine Bassdrum in den hinteren Teil des VW-Busses heben/ hinter mir ein riesiger Knall/ Schaufensterscheibe birst/ dreh mich um/ mir gegenüber ein Einbrecher/ war von innen nach außen durch die Scheibe eines Juweliergeschäfts gesprungen/ wurde schon verfolgt/ läuft in die andere Richtung/ der Polizei in die Arme.

Jan Schmidt

POETRY SLAMMER

In Jena mussten wir in ausrangierten DDR-Schlafwagen übernachten, die auf stillgelegten Gleisen standen. Bei der Begehung vor der Show sagte die Backstage-Betreuung uns, dass es in jeder Kabine nur eine Steckdose gebe, die man entweder für das Handyladekabel oder für die Heizung nutzen könne. Wir bekamen den Rat, die Heizung zu nehmen, weil es sehr kalt würde. Dann hat er sehr laut gelacht, kurz geseufzt und ging wortlos. Wir haben dann aus Wut den Backstage-Kühlschrank ausgetrunken. Am nächsten Morgen wurden wir sehr unsanft gegen 5:30 Uhr geweckt, weil der normale Zugbetrieb drei Gleise rechts von uns wieder startete. Aber immerhin waren unsere Handys voll aufgeladen.

knall

Michael Ohngemach

GITARRIST

Nach nem Gig mit Accion Mutante: Der Pennplatz in nem siffigen Stockbett einer ziemlich siffigen WG. Mich juckt es überall. Am nächsten Morgen kommt der Kammerjäger und steht in der Küche: „Jungs, ich will ja nix sagen, aber ihr müsst hier mal putzen. Ich kann nicht mal unterscheiden, was hier Kaffeepulver und was Kakerlakenscheisse ist."

Grillmaster Flash

MUSIKER

Vor ein paar Jahren sollte ich auf einem kleinen Open Air auf einem Sportplatz einen zweiten Slot während des Changeovers vor der letzten Band spielen. Ich hatte tagsüber wohl etwas viel Bratwurst mit Hela Gewürz Ketchup gegessen, hatte einen aufgeblähten Bauch, sodass ich kurz vor dem Auftritt, schon am Bühnenrand stehend, einen fahren lassen musste und das für eine erleichternde Idee hielt. War es dann auch, wie sich herausstellte, denn ich machte mir buchstäblich in die Hose. Sowas passiert einem als Erwachsener vielleicht drei-vier Mal im ganzen Leben, würde ich sagen. Ich konnte jedenfalls nirgendwo mehr hin, das Feuerwehrhaus mit den Toiletten war überfüllt und so wurden es auf der Bühne die längsten 15 Minuten meines Lebens, kurz darauf wurde es 0 Uhr und ich hatte Geburtstag. Eine befreundete Band lieh mir eine saubere Unterhose (richtige Punks) und ich fuhr einigermaßen sauber nach Hause. Seit diesem Erlebnis habe ich auf Tour immer Kohletabletten dabei, um schon bei dem kleinsten Anzeichen von Durchfall professionell reagieren zu können.

Tabea Hilbert

SYNCHRONSPRECHERIN

Bei einer Aufnahme im Synchronstudio habe ich mal aus Versehen dem sehr renommierten Aufnahmeleiter richtig laut in die Kopfhörer gerülpst, weil ich vergessen hab, dass man das nicht macht.

OLIVER GFELLER

Jana Fuhrmann

SCHLAGZEUGERIN

Einmal sollte ich mit einem Rapprojekt auf einem türkischen Fest in einer Gemeindehalle spielen.
Es hieß, ich könne das Schlagzeug vom Drummer der Vorband benutzen, nur die Bassdrum sollte ich mitbringen. Tatsächlich musste er aber direkt weiter zum nächsten Gig, so dass ich dann auf Notenständern und Stühlen trommelte. Spontan sprang ungefragt auch ein ziemlich zweifelhafter Typ mit Batikhose und fast bodenlangen, komplett verklebten Rastas auf die Bühne und spielte wirre Beats auf seiner Djembe dazu. Kurz zuvor waren schwere Erdbeben in der Türkei gewesen und während des Spielens wurde mir erst richtig bewusst, dass der Rapper versuchte, sozialkritische Lyrics mit Bezug auf die aktuellen Ereignisse abzuliefern. Den Gesichtern des Publikums zufolge kam's eher so mittelgut an. Ich bin danach schnell gegangen.

Paul Bokowski

AUTOR

Duolesung in Bremen. »Das ist eure Künstlerwohnung«, sagt die Veranstalterin. »In der Küche sitzt noch eine achtköpfige Band aus Norwegen, aber macht euch keinen Kopf, die fahren heute Nacht noch weiter nach Schwerin. Die kommen nach dem Gig nur kurz vorbei, um schnell zu duschen. Sind aber alles anständige Jungs. Die werden auch nichts trinken, so verkatert, wie die heute angekommen sind. Die wissen auch, dass ihr hier wohnt. Ich glaube, ab Mitternacht habt ihr eure Ruhe. Spätestens. Allerspätestens. Die haben auch einen eigenen Schlüssel und die Wohnung ist ja super weitläufig. Ich glaube, ihr hört kein Wort von denen. Ist auch nicht schlimm, oder, dass man die Tür von eurem Zimmer nicht mehr abschließen kann? Ist ja von außen ausgiebig beschriftet, dass das euer Zimmer ist. Ich glaube, die wissen auch gar nicht, dass das ein Durchgangszimmer ist zum zweiten Bad. Frühstück haben wir euch auch vorbereitet. Das zweite Fach im Kühlschrank. Das weiß die Band, dass das für euch ist. Straßenbahn kennt ihr ja. Die kommt ja nachts zum Glück nur alle halbe Stunde. In jedem Falle: gute Nacht euch beiden.«

F ö

VERANSTALTER

Ich veranstalte ein Festival, wie üblich kommt ne Band zu spät, ihr kennt das – wir werfen den Zeitplan einfach kurz durch den Mixer. Die Band kommt an, als sie eigentlich längst von der Bühne kommen sollte. US-Amerikanische Band auf erster Europa-Tour mit deutschem Fahrer/Tourmanager, der auch nur kurzfristig eingesprungen ist. Die Band schimpft die ganze Zeit auf den Fahrer, er hätte nicht gesagt, dass die Fahrt von Frankreich nach Dortmund so lange dauern würde, der Fahrer schimpft, wie unzuverlässig die Band doch sei und dass sie nicht auf ihn gehört hätten. Vergiftete Luft, klingt, als hätten sie ne richtig geile Zeit zusammen! Sie spielen dann irgendwann nachts als Rausschmeißer nach dem eigentlichen Rausschmeißer und erzählen anschließend, dass sie die nach Absprache extra im Vorfeld gebuchte Unterkunft nicht brauchen, da sie direkt weiter in die Schweiz fahren, um zumindest dort rechtzeitig anzukommen. Der Fahrer steht kleinlaut konstant 10 Meter neben der Band. Achja, Rock'n'Roll Tour Life, good times …

Sorry3000

BAND

1) VORAB:

Sorry3000 sind eine total nette Band, mit vielen Freunden und ihr Ruf ist echt ok, fragt gerne rum in der Szene, alle bestätigen euch das!

2) JETZT ZUR GESCHICHTE:

Wir hatten einen Auftritt bei einem Festival in Halle ergattert. Kurzfristig – ein Bekannter hatte uns in Programm geschleust. Wir hatten noch keine CD, nur ein paar lose Fans, deswegen ging das nicht anders. Das Festival war von motivierten linksalternativen Designstudenten aus Merseburg bei Halle (SAALE) (SACHSEN-ANHALT) (OSTDEUTSCHLAND) organisiert, schön dekoriert und zufällig auf dem Industriegelände, wo auch unser Proberaum ist. Leider konnte uns der Bekannte nur eine Auftrittszeit für ca. 19.00 Uhr organisieren. Jeder weiß, das ist eigentlich viel zu früh für uns. Als wir aufbauten, hing über allem noch der Spießermief eines typischen Festivalnachmittagsprogramms (YOGAKURSE, DISKUSSIONSRUNDEN, VEGANE BRATWURST).
Es war fast niemand da. Das gab uns zu denken, denn: Unsere Musik ist viel besser, wenn Leute da sind und applaudieren. Unsere geniale Performance zündet erst im komplizierten, interaktiven Wechselspiel zwischen der Band und der angesoffenen Meute. Was tun? Sollte all die Mühe umsonst sein? Wir hatten uns ja extra freigenommen!

Aber sieh mal einer an: Ein Einblick in die lückenhaften Kommunikationsketten der Festivalorganisation zwitscherte uns eine ungeahnte Möglichkeit zu. Wir suchten den engen Kontakt mit einem nur mittelmäßig eingebunden Tontechniker, der uns bescheinigte, dass es auf die ein oder andere Minute nicht ankäme. Auch er konnte sich nicht erklären, warum nach uns im Programm so eine große Lücke angedacht war. Wir traten also in den Bummelstreik. Hier noch eine Zigarette, da noch eine Dehnübung, hier nochmal zur Sicherheit ein Toilettengang. Mit jeder geschundenen Minute kam mehr Publikum aufs Gelände, es lohnte sich total! Hin und wieder fragende Blicke, warum wir noch nicht spielten. Wir taten unwissend. Das schlechte Gewissen der Bandmoralapostel Bianca und Franky konnte in unserer Fünfer Konstellation leicht überstimmt werden.

BUMMEL DI BUMMEL DI,
BUMMEL DI BUMM.

Wir fühlten uns wie die klassenbewussten italienischen Fiat-Fabrikarbeiter*innen in den 70ern. Ganz schön gewieft! Doch die Lage spitzte sich schließlich zu, denn auch die spätzündenden Alarmsysteme der selbstausbeuterischen DIY-Szene schlagen irgendwann an. Ein wütender Organisator brach unseren Bummelstreik im schroffen Ton und unter Androhung von verkürzter Konzertzeit an. Er schäumte vor Wut: Die lange Pause nach uns sei unbedingt nötig, weil danach eine technisch superkomplizierte Laser-, Licht- oder 3D-Show dran sei. Unser Kampfeswille zerbröselte. Wir spielten vor einem halbvollen Saal. Mist! Bianca und Franky hatten für den Rest des Abends ein total schlechtes Gewissen und null Spaß.

Aber auch für die skrupelloseren Sorry3000-Mitglieder hatte das Schicksal etwas parat: Für eine Drag-Performance hatten wir unseren Proberaum als Umkleideraum zur Verfügung gestellt. Nach dem Festival gab es einen Streit zwischen der Berliner Drag-Gruppe und dem Orga-Team. Um ihre Forderungen durchzusetzen, nahmen die Drag-Performer*innen unseren Proberaumschlüssel mit nach Berlin. Wir sahen ihn nie wieder. Franky dafür traf den Festivalorganisator, der vor Wut geschäumt hatte, ein gutes Jahr später bei seiner neuen Arbeitsstelle wieder. Nach einer mehrstündigen Aussprache mit zahlreichen Entschuldigungen ist jetzt aber alles super!

MORAL:

Wir sind total dankbar über die wertvolle Erfahrung mit dem Bummelstreik. Jetzt haben wir aber eine strenge Booking-Agentur, so Revoluzzer-Zeug ist für uns definitiv OVER. Wir hoffen auf den rebellischen Geist nachfolgender Bandgenerationen und dass sie weniger Spaßbremsen wie Franky und Bianca in ihren Reihen haben!!!!111!!

TICKET

Johannes Elster

MODERATOR UND VERANSTALTER

In Ludwigsburg haben wir mal eine Frau von der offenen Liste, auf der man sich vor Veranstaltungsbeginn als spontaner Act eintragen kann, auf die Bühne gerufen.
Es kam eine etwas verdutzte Mittvierzigerin, die verwundert war, dass sie auf die Bühne musste.
Auf die Frage, weshalb sie sich auf die offene Liste geschrieben hätte, meinte sie, sie dachte, das sei eine Anwesenheitsliste für alle Zuschauer. Dann hat sie sechs Minuten von ihrem Umzug erzählt. Hat den Wettbewerb nicht gewonnen, war aber lustig.

Matea Buzuk

GARDEROBE

Ich weiß nicht mehr, was ich geantwortet habe, wenn ich als Kind gefragt wurde, was ich später mal machen will. Was es sicherlich nicht war: High-Society-Snobs an der Operngarderobe ihre Pelzmäntel abnehmen oder auf Firmenfeiern die Kunstfellkragen-Daunenjacken nicht minder unsympathischer Mittel- und Großbetriebsmanager bewachen.
Da ich jedoch von Natur aus nicht mit übermäßigem Ehrgeiz gesegnet bin und weil die Wünsche von Nicht-Bonzenkindern sowieso selten in Erfüllung gehen, ist es nun mal so gekommen, und so stehe ich auch an diesem Samstagabend für Mindestlohn an der Garderobe eines wahllosen Veranstaltungssaales in Berlin-Mitte. Heute soll dort die Weihnachtsfeier einer großen, internationalen Hotelkette stattfinden. Kurz nachdem ich den mir zugewiesenen Platz hinter der Garderobentheke eingenommen habe, treffen auch schon die ersten vier Gäste ein. Leicht verwundert stelle ich fest, dass sie alle in 50er-Jahre-Montur gekleidet sind. Der jüngere der beiden Herren – ein etwas großspurig wirkender Mann – kommt direkt auf mich zu, stellt sich selbst als Geschäftsführer der Weihnachten feiernden Hotelkette und seine Begleitung als Ehefrau und Schwiegereltern vor.

Nachdem die vier zu ihren Plätzen geleitet worden sind, trudelt nach und nach die Hotelbelegschaft ein. Buchhalterinnen, Rezeptionisten, Reinigungskräfte und Azubis;
alle von ihnen dem Zeitgeist entsprechend gekleidet, niemand mit Elvis-Friese oder Vintage-Dress. Mimik, Gestik und einige Gesprächsfetzen, die ich aufschnappe, deuten darauf hin, dass ihre Anwesenheit auf der Feier lediglich durch den Wunsch bedingt ist, nicht gekündigt zu werden. „I feel you, brothers and sisters“, denke ich und nehme brav lächelnd ihre Jacken entgegen,

um nicht gekündigt zu werden.
Ich hatte schon eine Weile die seltsame Mischung aus gelangweilt wirkenden HipHop-Kids und Bürohengsten in verwegenen Lederjacken beobachtet, als eine Band den Raum betritt.

Ersteindruck: Unangenehme Typen.
Zweiteindruck: auch.

Mit Wohlstandplauzen ausgestattete, rotgesichtige Rockabilly-Heinis in ihren 40ern, offenbar aus der Hotel-Minibar stammende Piccolo-Flaschen in der Hand und schmierige Grinser im Gesicht. Kerle, die, wenn sie sich unbeobachtet fühlen, nach dem zweiten Drink Ausländerwitze machen.

Als sich alle Gäste ihrer Straßenentkleidung entledigt, mit Speis und Trank versorgt und Platz genommen haben, betritt der Geschäftsführer die Bühne. Er verliert ein paar Worte über das „tolle Jahr“ und das „großartige Team“ und wendet sich anschließend direkt an seine Schwiegermutter: „Liebe Gisela, nun zu dir: Man wird ja nur einmal im Leben 70 und ich wünsche dir den besten aller Geburtstage ...“ In diesem Moment begreife ich: Der Typ hat tatsächlich (aus Kostengründen, wie ich vermute) die Weihnachtsfeier seiner Firma und den Geburtstag seiner Schwiegermutter zusammengelegt. Das Abendprogramm hat er dabei an den Geschmack der letzteren angepasst statt an den seiner Angestellten, die das ganze Jahr über für ihn schuften. Ganz schön perfide, das Ganze. Nachdem das Geburtstagskind einen riesigen Strauß Blumen und einen Gutschein für einen Wellnessurlaub erhalten hat, moderiert der Geschäftsführer die Musiker an. Deren Set besteht ausschließlich aus angenuldenten Covern: Bill Haley & His Comets – „Rock Around The Clock", Elvis Presley – „Jailhouse Rock", Eddie Cochran – „C'mon Everybody" usw. Alle werden ohne die Spur einer kreativen Eigenleistung einfach nachgespielt. Auf der Tanzfläche tummeln sich, wenig überraschend, nur der Geschäftsführer, seine Gattin und die Schwiegereltern. Die Hotelangestellten beobachten das ungelenke Rumgehampel derweil mit belustigten Mienen oder stehen rauchend vor der Eingangstür.

Als das Konzert nach anderthalb Stunden der lauwarmen Gassenhauer-Aufwärmerei und etlichen einfallslosen Ansagen („Und jetzt alle: We will, we will rock you!") endlich vorbei ist, steigt der Geschäftsführer erneut auf die Bühne und kündigt an, nun noch den Mitarbeiter des Monats zu küren. Der Mitarbeiter des Monats – ein pickeliger 17-Jähriger – ist merkwürdigerweise der Einzige, der einen Anzug mit Krawatte trägt, fast so, als hätte ihm ein Vögelchen gezwitschert, dass ihm heute diese Ehre zuteil wird. Zur Belohnung für seine vorbildhaften Dienste gibt's eine Übernachtung in einem Hamburger Ableger der Hotelkette, für die er ohnehin arbeitet. So viel Dreistigkeit ist ja fast bewundernswert. Den jungen Mann scheint die Vorstellung, seinen Urlaub an seinem Arbeitsplatz zu verbringen, nicht zu stören. Strahlend lässt er sich von seinen Kolleginnen und Kollegen feiern und schüttet über die nächsten Stunden ein alkoholisches Getränk nach dem anderen in sich hinein.
Zum Abschluss bekomme ich noch mit, wie er sich lallend bei einer etwa 20 Jahre älteren Kollegin entschuldigt. Offenbar hat er sie in seinem Rausch angebaggert. Die Frau tätschelt ihm mütterlich die Schulter und bietet ihm besorgt an, ein Taxi für ihn zu rufen.

Als ich zwei Minuten später zusammen mit einer Kellnerin sein Erbrochenes aufwische, überlege ich, wie ich möglichst schnell zu einem neuen Job komme. Oder halt an Bonzeneltern. Vielleicht will mich ja der Hotellerie-Elvis adoptieren? Fragen kostet ja nix.

WENN ICH SAG DUDEL, SAGT IHR SACK!!!
DUDEL!
DUDEL!
SACK?
...
GAR NICHT ÜBEL. BESTE BETRIEBSFEIER SEIT JAHREN, WÜRD' ICH JETZT MAL SO SAGEN.
JA. NAJA... ICH SCHAU MAL, WAS BEIM KOPIERER SO LOS IST.

L.F. WALKLANG

Julia Gaméz Martin & Ariane Müller

LIEDERMACHER-DUO (SUCHTPOTENZIAL)

Dass dieser Auftritt „besonders" wird, hätten wir eigentlich ahnen müssen. Wir wurden im Vorfeld schon von mehreren Seiten gewarnt: „Seid ihr sicher, dass IHR mit eurem feministischen Programm in Appenzell auftreten wollt, einem Kanton in der Schweiz, in welchem das Frauenwahlrecht erst 1990 eingeführt wurde?" Nun ja. Darüber hatten wir uns bis dato gar keine Gedanken gemacht und fuhren mit einem etwas mulmigen Gefühl dort hin. Bis zum Soundcheck bummelten wir erst einmal rum und Julia frönte ihrer größten Sucht, dem Shopping. Nach einer zweistündigen Käseverköstigung kam sie dann mit 3 Kilo verschiedenster Appenzeller aus einem Laden und ließ diese im Kühlschrank des Hotelrestaurants lagern.

NETT, DIESE SCHWEIZER*INNEN.

Dann ging es zum Soundcheck. Der hiesige Kulturverein buchte uns in ein ehemaliges Kloster, wo sie eine mobile Bühne aufbauen ließen und (zu unserer Belustigung) den an der Rückwand der Bühne befindlichen Jesus am Kreuz mit schwarzen Molton versteckten. So weit, so gut. Wir checkten und aßen und warteten dann auf unseren Auftritt.

Das Klischee, dass Schweizer*innen es gerne pünktlich haben, konnten wir in dem Fall nicht bestätigen. Die gut gelaunten Mitarbeitenden des Kulturvereins sowie die Gäste quatschten ausgelassen und tranken vermutlich schon vor der Show den ganzen Weinvorrat aus.
(Gut für uns.)

Irgendwann hörten wir eine laute Stimme am Mikrofon und lauschten an der Tür, in der Hoffnung, gleich mit 45 Minuten Verspätung anfangen zu können. Das Problem: Wir verstanden kein Wort. Der Herr plauderte und machte Witzchen, die Leute lachten. Wir hatten keine Ahnung, worüber, und fragten uns zeitgleich, ob wir überhaupt mitbekommen würden, wenn er uns ankündigt. Plötzlich: Stille. Wir dachten uns: Naja, wird schon jemand kommen und uns Bescheid sagen. Kam dann auch so. Fünf Minuten später kommt der Mann ins Backstage:

> „Wollt ihr nicht anfangen? Die Gäste warten schon, odr?"

ODR? Immer dieses „Odr?" am Ende eines Satzes. Wissen wir doch nicht, ob die schon warten,

WIR verstehen ja NIX!

Die Show lief super. Die Stimmung war großartig und am Ende fanden wir uns mit den Vereinsmitgliedern am Tresen und tranken einen Appenzeller Kräuterschnaps nach dem anderen. Ein Teufelszeug. Wir ließen das Auto stehen und liefen zum Hotel. Also wir torkelten eher. Aber wir kamen an. Am nächsten Morgen (leicht bis mittelschwer verkatert) ließen wir unsere Koffer in einem der Hotelzimmer und gingen zurück zur Location, um das Equipment ins Auto zu laden, um dann mit dem Auto die Koffer aus dem Hotel zu holen und zurück nach Ulm zu fahren. In der Theorie ein super Plan. Muss man dann halt aber auch so machen. Wir packten also alles ins Auto, hielten noch ein Schwätzchen mit den Kulturleuten und fuhren los.

In Ulm angekommen, stiegen wir aus dem Auto und dann ... kam das böse Erwachen: Julia griff in ihre Jacke und zog einen Schlüssel mit einem riesigen, schweren Anhänger raus. FUCK! Der Hotelzimmerschlüssel. Der Appenzeller hat uns so das Gehirn vernebelt, dass wir den einen Stop am Hotel vergaßen, um unsere Koffer einzuladen. UND DEN GANZEN KÄSE!!! Die Reaktionen des Hotelmanagers und des Kulturvereins, als wir dort anriefen, um unsere Misere zu erklären, kann man sich denken. Ob wir dort je wieder spielen werden, wird sich zeigen. Was wir auf jeden Fall gelernt haben: Finger weg vom Appenzeller. (Aber seien wir ehrlich: Wir würden es immer wieder tun.)

Lina Farah

SÄNGERIN (NAHELI)

(Anekdote)

Hab mir beim Soundcheck auf dem "Eier mit Speck"-Festival den Zahn ausgeschlagen, mit dem Mikro. Anschließend: Zahn tot, Wurzelbehandlung.

(Unter-anekdote)

Als ich es in meiner naiven Art an der Uni in einer Gruppe Leuten einem befreundeten Zahnarzt-student erzählen wollte, hab ich eine Handbewegung gemacht, die – wie ich nun weiß – universell nicht als „ich habe mir den Zahn mit dem Mikrofon ausgeschlagen“ verstanden wird.

PAUSGEZEICHNET

VALERIO MOSER

SLAM-POET

Der Lichttechniker hat uns beim Briefing falsch verstanden. Jedenfalls meinte er, dass wir in unserem abendfüllenden Stück die darin enthaltenen Slamtexte ohne Bühnenlicht vortragen wollen. Im Dunkeln. In den beleuchteten Zwischenteilen versuchten wir, ihn immer wieder darauf hinzuweisen, dass wir doch Licht bräuchten. Leider kommt man auf der Bühne so schlecht aus der Rolle raus – der Lichttechniker hatte das Gefühl, dass unsere Anmerkungen zum Lichtproblem zum Stück gehören und wohl irgendein Gag seien, den er nicht versteht. Bis zur Pause hin konnten wir diesen Konflikt nicht lösen und spielten die zentralen Elemente im Dunkeln.

3PLUSSS

RAPPER

Irgendeine Studentenstadt in Hessen, irgendein kleiner Club mit Holzvertäfelungen überall, Bühne kaum höher und größer als eine Europalette. Eine Zigarettenmarke hat zur „black music night" geladen (Gedächtnisprotokoll), auf dem Flyer sieht man Bausa und Rin, aber liest meinen Namen. Örtlicher Veranstalter sagt mir vorher schon, dass ich gern auch kürzer spielen kann. Circa 100 Leute sind dann doch da und 97 gehen nach dem ersten Song eine rauchen, ohne wiederzukommen. Ich kann sie sehen und hören durch die Plastikscheibe, die Bühne von Raucherbereich trennt. Ein Mann setzt sich auf den Bühnenrand und ruft wen per Facetime an, der Lichtmann fährt nach einer halben Stunde das Licht runter, nebenan läuft die Musik lauter als hier. Ich spiel aus Trotz das komplette Set. Das war der bestbezahlteste Auftritt in zehn Jahren Musikkarriere.

Alex Stinson

SCHLAGZEUGER (U. A. BEI MY REPLY, WIZO)

Bei einer Show in Österreich kam unser Gitarrist Roque schon besoffen zum ersten Song auf die Bühne und hat dann beschlossen, zwischen jedem Song ein Glas Bier (0,5 l) zu exen. Wir spielten zwölf Songs. Er war fit bis zum Schluss, übernachtete danach aber auf dem Dach unseres Vans, auf dem wir ihn mit Spanngurten und einem Schlafsack fixierten. Er schnarchte kaum.

Judith Holofernes

MUSIKERIN (WIR SIND HELDEN)

Unser erster großer Auftritt mit den Helden. Wir durften einmalig im Vorprogramm von Nena auftreten. Zum allerersten Mal hatten wir Roadies, die für uns die Bühne einrichten. Als wir auf die Bühne geschubst werden, in der Columbia Halle in Berlin, und sich der Vorhang öffnet, merke ich genau in dem Moment, dass mir die netten Stagehands mein Board mit Gitarreneffekten am Boden festgeklebt haben. Nur leider etwa 2 Meter entfernt von dort, wo mein Mikrofonständer festgegaffert war. Die ersten 30 Sekunden von "Guten Tag" hab ich auf Knien zugebracht und panisch mein Effektboard vom Boden losgerissen, vor mehreren tausend Menschen. Danach konnte mir keiner mehr was.

Ing Ferno

MUSIKER

In der Sindelfinger Traube bin ich als „Ing Ferno“ zwischen „The Bottles“ und „Gaffa“ aufgetreten. Nach ca. zehn Minuten Spielzeit bat der berüchtigte Wirt Andy um das Mikro und teilte allen mit, dass er es scheiße finde und „der Typ gar nicht singen“ könne.

Jean-Paul pRüm

AUTOR

„Könnt ihr vielleicht mal die Fresse halten?“, ist ein Satz, den ein Autor nicht unbedingt während einer Lesung an sein Publikum richten sollte. Was ist das überhaupt für eine Frage? Könnt ihr vielleicht mal die Fresse halten? Das ist nicht sonderlich souverän. Als ich diesen Satz sagte, war ich noch wahnsinnig unsicher, denn es war meine erste Lesung. Ich dachte eigentlich, dass die Bar an einem Sonntagabend nicht mit Leuten bevölkert sein wird, die nur zum Saufen und nicht wegen meiner Lesung da sein würden. Da waren aber vier Quasselstrippen, die von Beginn an direkt an der Bühne saßen und lautstark quatschten. Unerfahren wie ich war, brachte mich das voll aus dem Konzept. Ich stockte beim Lesen und hatte keine Idee, wie ich charmant für Ruhe sorgen kann. Schwitzend und leidend quälte ich mich durch zwei weitere Kapitel. Ich brauche Ruhe, verdammt! Dann platzte es aus mir raus:

„KÖNNT IHR **VIELLEICHT** MAL

DIE FRESSE

HALTEN?“

Ich ernte feindselige Blicke. Während meiner ersten Lesung bin ich also bereits das Autorenarschloch. Aber die Störenfriede stehen immerhin auf, zahlen an der Theke und gehen. Zum Dank bekomme ich noch einen Mittelfinger. Danach ist zwar Ruhe, aber ich bin für den Rest meiner ersten Lesung vollkommen durch.

Toby Hoffmann

DICHTER UND MUSIKER

Erfurt. Konzert mit der Gruppe Ira. Schöner Kellerclub, gutes Catering, okaye Technik, alles bestens. Nur: die Melvins spielen zeitgleich in der Stadt - zum ersten Mal in ihrer langen Laufbahn. Da unser Sound in etwa das gleiche Zielpublikum anspricht, ahnen wir Schreckliches. Der Veranstalter wirkt angespannt. Eine Stunde vor Konzertbeginn verabschiedet er sich unter heftigen Entschuldigungen. Die restlichen zuständigen Personen folgen ihm und verlassen den Ort in Richtung Indie-Superstars. Ein netter, schon ziemlich betrunkener Typ, vermutlich einfach ein Stammgast, bleibt vor Ort und übernimmt Kasse, Technik und Bar. Wir spielen vor zwei Menschen, die die Melvins nicht kennen. Es sei ein „wunderschönes Konzert" gewesen, beteuern sie hinterher. Ich werde Erfurt niemals vergessen.

Moritz Neumeier

COMEDIAN

Ich war in Lehbach auf der grünen Woche. Meine Garderobe war der Plenarsaal des Rathauses. Lokation: Bierzelt für 600 Leute. Das Publikum: 30 uralte Rentner:innen. Der Moderator: Comedyzauberer. Alles Scheiße.
Das Publikum liebt den Mann vor mir, der improvisierte Schlager spielt und allen zeigt, dass die meisten Lieder aus den vier gleichen Akkorden bestehen. Innovativ.

Dragan Jordanov

MUSIKER (NOT AVAILABLE)

Es ist ja üblich, dass Leute aus dem Publikum zu uns auf die Bühne kommen, zum Stagediven, Rumspringen etc. Bei einem Konzert im Saarland war das auch der Fall, die Bühne irgendwann ziemlich gut mit Publikum gefüllt, es war einiges los. Soweit alles spaßig. Bis einer der Pogenden irgendwie unabsichtlich gegen die Gitarre unseres damaligen Gitarristen gekommen ist. Dabei hat der dem Gitarrenhals einen ordentlichen Schwung mitgegeben, so dass das Teil mit Schmacks gegen den Kopf unseres Gitarristen geknallt ist. Unser Gitarrist ging auch direkt zu Boden. War natürlich erstmal ein riesen Schreck für alle. Unser Gitarrist war auch 'ne Weile etwas benommen, was sich aber zum Glück schnell gebessert hat. Er konnte nach einigen Minuten mit Brummschädel weiter und das Konzert zu Ende spielen. Nach dem Konzert haben einige Bierchen zur weiteren Linderung beigetragen.
Das Ganze war sogar der regionalen Zeitung eine halbe Seite Bericht wert.
Überschrift: **600 LEUTE** UND DER GITARRIST **GING ZU BODEN.**

Ich soll 15 Minuten machen, nach drei ruft jemand aus der bisher schweigenden Menge: „Aufhören."
Ich antworte: „Okay." und gehe von der Bühne. Ich verbringe die Nacht in einem schäbigen Hotel, in das ich vier Stunden lang nicht reinkomme, weil jemand den Schlüssel verloren hat. Um 5 h morgens steige ich ins Auto, nicht weil ich ausgeschlafen bin, sondern einfach um aus Lehbach weg zu sein.

NACH EINEM TRIP
NACH HAMBURG UND
DANN NEW YORK...
...UND DEM SIGNIEREN AUF
DER COMIC ACTION IN ESSE
IM ANSCHLUSS...
...FRAGE ICH MICH, WIE DA
DIE GANZEN ROCKSTAR
AUF TOUR MACHEN.
WWW.SARAHBURRINI.COM

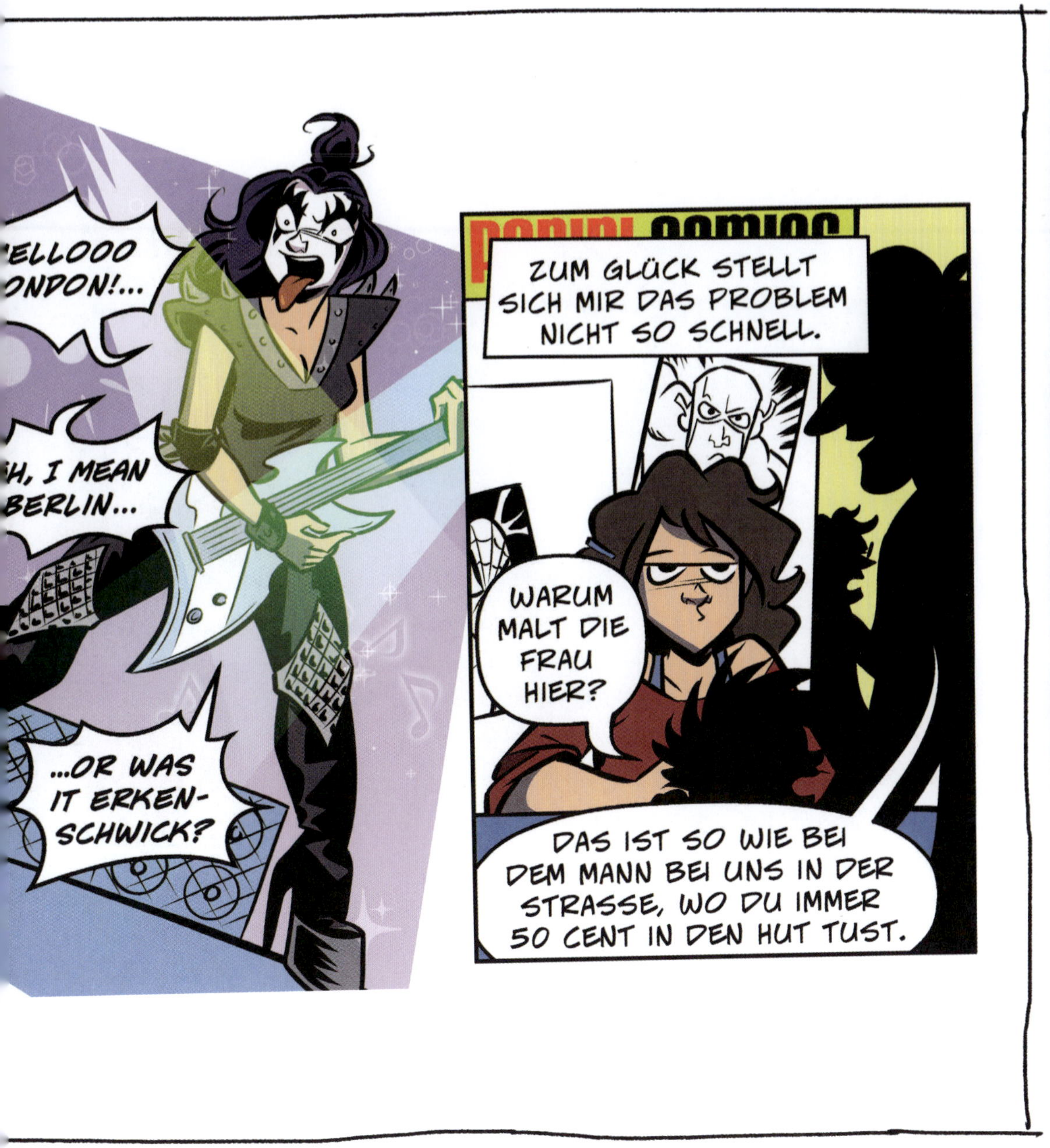

SARAH BURRINI

Florian

KONZERTVERANSTALTER

Es war einmal ein Konzert im Stuttgarter JuHa West: Die Bands kamen an. Von den drei Bands des Abends warteten wir noch auf eine. Die Musiker*innen vor Ort warnten mich, dass es demnächst ein wenig unangenehm werden könnte. Davon ließ ich mich nicht aus dem Konzept bringen und war gespannt, was mich erwarten würde. Nachdem die besagte Band ankam, machte sich direkt ein etwas strenger und doch auch sehr unangenehmer Geruch breit. Dieser wurde auch immer giftiger und beißender, je länger sich die Musikgruppe in den vier Wänden des JuHa West befand. Auch den Besucher*innen ist dieser doch ungewöhnliche Geruch aufgefallen. Die Band ging auf die Bühne und spielte ihre heißen und fetten Riffs. Nach und nach kamen immer mehr Leute aus dem Konzertraum gestürmt und fragten mich, was da so abartig stinken würde.

IST DIE LÜFTUNG VERFAULT ODER WAS IST DA LOS?

Es war einfach nur die Band selbst. Tourabschluss im JuHa West und die Wette war: KEINE Dusche und KEIN Klamottenwechsel auf der gesamten Tour. 1:0 für die Band!

Nils Frenzel

AUTOR

Nach einem Poetry-Slam-Auftritt in Flensburg nutzte ich Fahrtzeit, um mir im Bordbistro des ICEs einige frischgezapfte Bierchen reinzustellen. Angekommen in Bonn torkelte ich mit meinem Rollkoffer durch die Altstadt, um meinen Kumpel Marten de Wall beim Slam im Nyx zuzuschauen – und um weiter Bier zu trinken. Da Marten und ich beide am nächsten Tag nach Krefeld mussten (für einen Poetry Slam, na klar), bot ich ihm an, bei mir zu übernachten. Nach seinem Auftritt, zu dem ich mir einige Bierchen genehmigte, gingen wir in die Kneipe „Die Wache" – nur wenige hundert Meter von meiner Wohnung entfernt. Der Schnaps machte mich müde und irgendwann gingen mein Rollkoffer und ich aus der Bar nach Hause. Am nächsten Morgen wachte ich alleine in meinem Bett auf. Ich hatte Marten in der Wache vergessen.

Henning Kallweit

SCHAUSPIELER

Es war während einer Probe zu „Mutter Courage und ihre Kinder“ am Theater. In dem Stück zieht Mutter Courage einen großen Wagen hinter sich her. Bei uns waren das übereinandergestapelte Gitterboxen.
In der finalen Szene vor der Pause haben alle Schauspieler*innen auf diesem Wagen gesessen und wir als Figuren sollten der Ungewissheit, dem Krieg, dem Elend entgegensehen. Zumindest sollte man das auf unseren Gesichtern ablesen können. Wir haben die Szene gespielt, dann Kritik vom Regisseur: „Ich konnte noch nicht euer Entsetzen sehen. Da muss mehr. Henning, orientier Dich mal an Lea (Name geändert). Die hat das grad fantastisch gespielt. Wahnsinns Ausdruck.“ Ich: „Lea, was hast du gespielt?“ Lea: „Keine Ahnung, was der wieder gesehen hat. Mir is grad eingefallen, dass ich ja heute noch einkaufen muss.“

PeteR KöhleR

KONZERTVERANSTALTER & SCHREIBER
BEIM BIERSCHINKEN ONLINE-FANZINE

Vor ein paar Jahren habe ich ein Konzert im Rattenloch Schwerte für die Punk-Band ATOMKRIEG organisiert. Schlafen sollte die Band bei einem Freund, der mir seine Wohnung dafür überlassen hatte, am Tag des Konzertes aber nicht anwesend war. Als ich mit meinem Freund Stege, der mir beim Tragen einiger Sachen helfen sollte, in besagter Wohnung eintraf, sah ich, noch im Flur stehend, wie Stege, ein sehr fülliger Metalhead, den so leicht nichts aus der Fassung bringt, rückwärts und nach Luft schnappend vom Wohn- und Schlafraum wieder in den Flur taumelte. Als ich nachsah, was meinen Freund so aus der Fassung brachte, traf mich beinah der Schlag. Der gesamte Boden des Wohnraums, das dort stehende Sofa und der Schreibtisch, auf dem sich noch einiges an Kram befand, war bedeckt mit ca. 150 Liter Blumenerde. Fassungslos und auch leicht wütend standen wir vor diesem Chaos und überlegten, wie dort nun eine Band schlafen solle und warum uns der Gastgeber seine Wohnung so hinterlassen hatte. Nach einem Telefonat mit ihm stellte sich heraus, dass er wohl kürzlich Regale an die Wand geschraubt und auf diesen überdimensionale Blumenkästen drapiert hatte. Diese Regale mussten wohl, als er die Wohnung verließ und die Tür dabei heftig zuknallte, aus der Wand gebrochen und zu Boden gefallen sein. In unserer Not entschlossen wir uns, den über dem Laminat ausgelegten Teppich samt allen sich darauf befindlichen Dingen zusammenzurollen und dort dann die Schlafplätze herzurichten. Letztendlich haben nur ein Bandmitglied und ich selbst in besagtem Zimmer geschlafen. Der Rest ließ sich in und auf den Keramiken des Badezimmers nieder, um dort den Morgen über zu rauchen und auffällig aufgekratzt die Zeit bis zur Abfahrt zu verbringen.

Anja Rützel

AUTORIN

Ich hatte mir wirklich Mühe gegeben, nur die heitersten Stellen aus meinem Buch über die Schönheit des Alleinseins herauszusuchen – schließlich sollte ich daraus auf einem Festival lesen, das vor allem junge Familien besuchen, und während der Nachwuchs gerade Pommes aufstößt und man bei sich selbst gerade ganz sacht eine leichte Gereiztheit gegenüber dem anderen Elter aufsteigen fühlt, das schon wieder keine Feuchttücher eingepackt hatte, hört man vielleicht nicht so gerne zu, wenn jemand auf einer Bühne die überfällige Zerschlagung des Pärchenterrors proklamiert und erzählt, wie herrlich es ist, mutterseelenallein um den Loch Ness zu wandern, dachte ich gar nicht mal so unempathisch. Ich hatte mich eh über diese thematisch ja durchaus irritierende Einladung gewundert, blätterte kurz vor dem Auftritt noch ein bisschen im Programmheft – und stellte fest, dass ich darin keineswegs mit meinem aktuellen, sondern mit meinem alten Buch angekündigt war, mit lustigen Tiergeschichten also. Hastig ließ ich mir im Festivalbüro noch ein paar Kapitel ausdrucken, auf die ich glücklicherweise mit dem Handy Zugriff hatte, weil sie an den Mea-culpa-drei-Wochen-zu-spät-Mails an meine Lektorin hingen. Zur Lesung kamen viele Leute, ich freute mich und las über Kuhkuscheln, Murmeltiergeräusche im internationalen Vergleich und den mir persönlich bekannten Ameisenbären Ernst-Einar. Ideologisch unverfänglich, dachte ich, doch wann immer ich von meinem Text aufsah, schaute ich in die Augen konsternierter Kleinfamilien. Erst bei meinem Abgang dämmerte es mir, weil ein Kind mit dem Finger stumm auf mein T-Shirt zeigte. Ich hatte in der Eile vergessen, mein Outfit anzupassen: Auf meiner Brust prangte ein riesiger, herzförmiger Orden, selbstgebastelt aus rosa Frottee: "I love solitude", stand darauf.

JULIA REIN

Seit 2015 stand ich als Teil der Podcasts „Radio Nukular" oder „Anytime Late Night" recht regelmäßig auf unterschiedlichen Bühnen. Von technischen Kleinigkeiten und menschlichen Momenten abgesehen gab es dabei überraschend wenig Pannen. Klar, ich wurde in Hamburg mit der Blu-Ray eines Xbox-Games beworfen und am Kopf getroffen und habe einen meiner Kollegen auf der Bühne von der Seite angespuckt, weil jemand im Publikum weit witziger war als wir. Grandios gescheitert bin ich aber insbesondere an der selbst gestellten Herausforderung, so viel zu essen wie Pete Doherty – ja, auf der Bühne (ich, nicht er).

Dominik Hammes

PODCASTER

Der Gute hatte 2018 das „Mega Breakfast" im Dalby Café im britischen Margate vollständig verspeist. Das Frühstück besteht aus vier Streifen Bacon, vier Eiern, vier Würstchen, Hash-Browns, Onion-Rings, Kartoffelbrei, zwei Scheiben Brot, einem Burger-Patty und Pommes. In meiner nicht mehr so jugendlichen Arroganz nahm ich an, mir dieses 4.000-Kalorien-Frühstück auch locker einverleiben zu können – vielleicht sogar schneller als Pete Doherty. Daher machte ich die Verköstigung dieser Masse an Junkfood zu einem integralen Bestandteil eines Auftrittes der „Anytime Late Night" und hatte sogar die Luxussituation, mir dieses fettreichste aller Frühstücke von Chris Nanoo (Koch und Podcaster) und Dennis Maier (STERNEkoch und Podcaster) von „Kau und Schluck" zubereiten zu lassen.

Hochqualifizierte Zubereitung hin oder her – die Idee, die Durchführung und das gesamte Bühnengefühl dieser Nummer kann nur als „widerlich“ beschrieben werden. Ich glaube, es ist gut, dass das Publikum doch ein gutes Stück von der Bühne wegsaß. Rückblickend gibt es wenige Momente, die mir im Bezug auf unsere Auftritte peinlicher sind als die 15 Minuten, in denen ich verzweifelt und erfolglos versucht habe, meinen Magen und Pete Doherty zu besiegen. Wenn ihr ihn trefft, richtet ihm bitte meinen aufrichtigen Respekt aus.

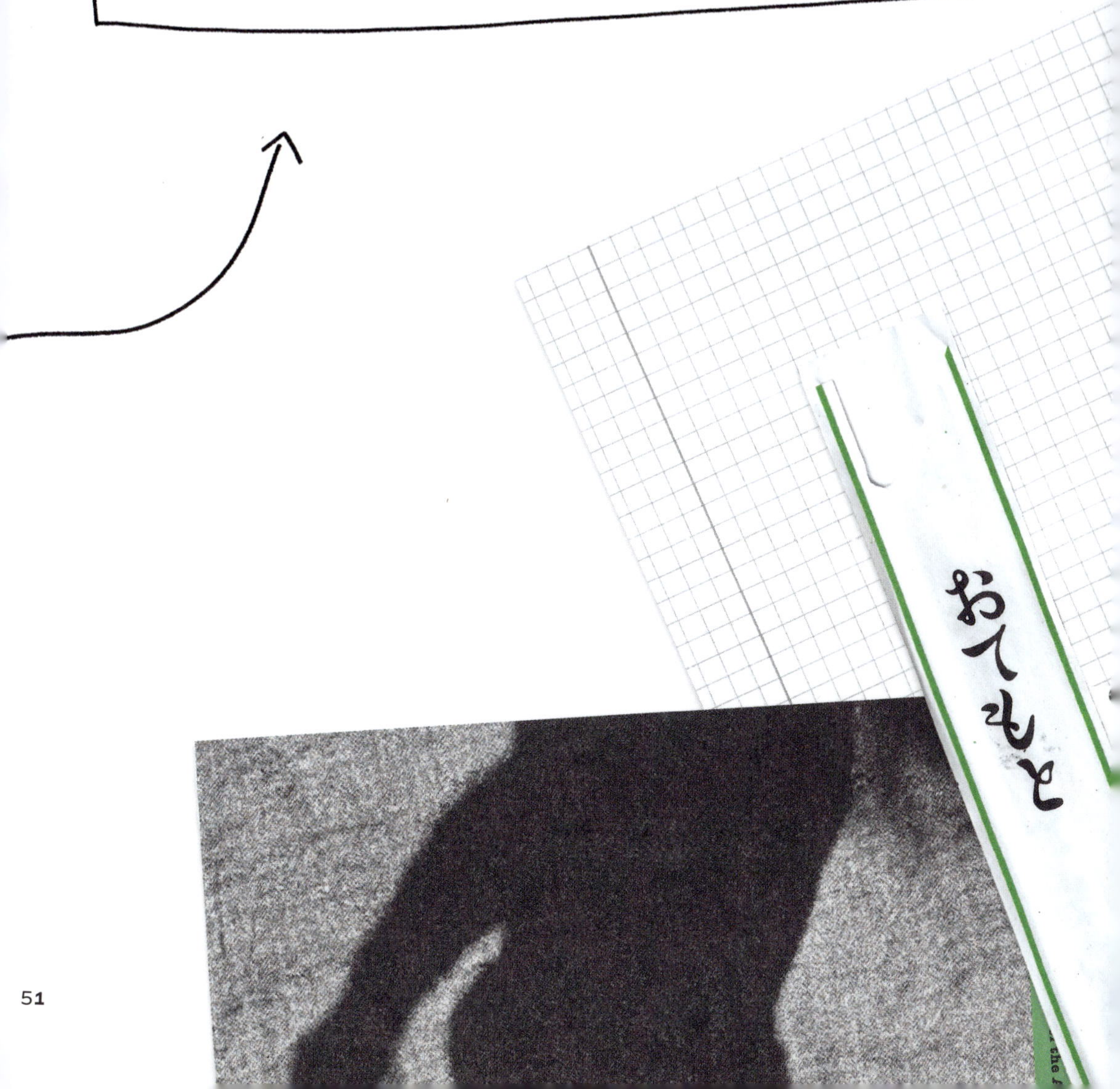

EaVo

DJ

Ich lege in verschiedenen Clubs auf. Lautstärke ist natürlich ein Thema. Oft hört man am DJ-Pult nicht, wie laut es auf der Tanzfläche wirklich ist. Der Laden ist voll, die Stimmung gut. „Kannst ruhig was lauter machen", hatte der Abendleiter mir vor einer halben Stunde gesagt. Ich finde es fast etwas zu laut. Da taucht plötzlich der Haus-Techniker am DJ-Pult auf. Er blickt mich auffordernd an und macht eine Geste: Der Abstand zwischen Zeigefinger und Daumen signalisiert mir „ein wenig leiser". Ich drehe die Lautstärke etwas leiser. Er zeigt die Geste nachdrücklicher. Ich mache noch leiser … Als er die Geste weiter zeigt, halte ich ihm mein Ohr hin: „Ob, du auch einen Kurzen willst …?!"

Kristina Sommer

MUSIKERIN

Die 90-jährige Omma unseres Gitarristen kommt Arm in Arm mit ihrer Schwester zu einem unserer Konzerte und fragte an der Kasse erst mal nach, ob das Konzert denn auch bestuhlt sei. Kleine Krux an der Sache: Es handelte sich um ein Death-Metal-Konzert.

tRistaN

STAGEHAND

Im Studium habe ich als Stagehand Bühnen und Veranstaltungstechnik aufgebaut. Als größtenteils männlich dominiertes Berufsbild waren die Umgangsformen schlicht, Körpergeräusche an der Tagesordnung. Beim Aufbau für die Band Sunrise Avenue fabrizierte ein Kollege einen beachtlichen Pups. Kurz darauf – vollständige Diffusion der Gase war unmöglich – ging niemand Geringeres als Samu Haber, der Sänger der Band und Lieblingsfinne des deutschen TV, hinter meinem Kollegen her. Schlimme Anekdoten kann man nicht nur haben, sondern auch produzieren.

Hinnerk Köhn

COMEDIAN

Irgendwo in NRW. Unsere Abendleitung riecht nach Schnaps. Statt uns Bier von der hausinternen Gastro zu bringen, geht sie zum Kiosk ums Eck und kauft sechs Flaschen, eingepackt in eine Alditüte. Als ich mich nach einem Sekt erkundige, sagt sie, dass ich der erste Mann bin, der bei ihr „Puffbrause“ bestellt.
Nach der Show verabschiedet sie sich lattenstramm und sagt, dass sie jetzt „in den Irish Pub geht, um sich richtig zu vergessen“. Laut Homepage betreut sie überwiegend das Jugendtheater.

Der Alptraum jedes Schauspielers: Applaus von der falschen Seite

Matthias Schmid

MUSIKER (AKNE KID JOE)

Es war Ende 2017, wir haben am Vortag ein Konzert gespielt, bei dem es eine Weinverkostung gab, und waren dementsprechend voll verkatert. Am nächsten Tag hatte ich überall schlimmen Ausschlag, keine Ahnung, wieso, entweder auf den Wein allergisch gewesen oder auf den Teppichboden, auf dem ich gepennt hab. Als wir das Konzert spielen sollten, habe ich erst mal einen Bassverstärker der Backline (die nicht von uns war) aus Versehen von der (relativ hohen) Bühne geworfen, weil die Rollen nicht festgestellt waren. Sarahs Vocals gingen nicht und meine Gitarre ist auch ständig ausgefallen. Schlimmstes Konzert ever.

Luca Swieter

POETRY-SLAMMERIN

Ich hatte einen Auftritt bei einem Fortbildungswochenende des Jugendverbandes einer Gewerkschaft in einer relativ unwichtigen Stadt in Niedersachsen. Als wir mit dem Unterhaltungsprogramm anfingen, waren alle Zuschauer:innen schon sehr betrunken. Wer liebt ihn nicht, den besoffenen Philipp, der sich während eines ruhigen Gedichts sein Bier über den Kopf schüttet – Lieblingspublikum.
Die Aufmerksamkeit war sehr beeinträchtigt, während der Texte redete oder sang das Publikum und als ich vorlas, öffnete sich mit einem Mal die Tür und ein Typ in einem Einhornkostüm marschierte herein. Die Menge johlte (für den Einhorn-Typen) und das Interesse für uns war endgültig erloschen. Insgesamt ein Abend, den man sich gut und gerne hätte sparen können.

timo sauer

MUSIKER (SCHROTTGRENZE)

05.06.2003, JESTERS/OBERGRAFENDORF

(in der Nähe von St. Pölten/Österreich). Wir befinden uns am zweiten Tag unserer Österreich-Tour, die wir in Wien starteten, also ca. 1.100 km von zu Hause entfernt - die Strecke wurde damals in einem Rutsch zurückgelegt. Nach einer ausgedehnten Swimmingpoolsession im Garten von Monique, einer Freundin, die wir über unsere Wiener Supportband Dynamo Früchtebonus kennenlernten, brachen wir auf in Richtung Westen.

In Jesters angekommen, waren wir von der Örtlichkeit begeistert. Für die erwartungsgemäß kurze Nachtruhe waren eigene Zimmer bereitgestellt worden und diese ließen unsere Laune weit über den Donauspiegel schnellen. Zum Essen gab's zur Freude aller Gegrilltes. Damit die Veggies unter uns auch etwas davon hatten, wurde doch immerhin ein einziger Käsetoast hervorgezaubert. Dafür wurde an alkoholischen Getränken nicht gespart: sowohl was deren Bereitstellung wie auch deren Konsum betraf. Der Soundcheck machte ebenfalls Lust auf mehr, da hinter dem Mischpult ein wirklich äußerst fähiger junger Mensch seinen Job wahrlich beherrschte.

Doch je später der Abend wurde, desto dringlicher wurde die Frage: Wo bleiben die Gäste? Bis 22.00 Uhr fand sich 1 (in Worten: ein) Zuschauer ein und es sollten, trotz Stoßgebeten gen Rock-Hölle, auch nicht mehr Personen den Weg in den geräumigen Club finden. Also spielten Dynamo Früchtebonus vor eben diesem einen Zuschauer, der Jesters-Crew und natürlich uns. Der Saal kochte auf Sparflamme. Nachdem Früchtebonus ein gutes Konzert abgeliefert hatten, mussten wir im Anschluss ran.
Meine Motivation war inzwischen, trotz konsequenter Alkoholzufuhr, auf den Nullpunkt heruntergekühlt. Ich erinnere mich nur noch an eine 20-minütige Version von „Bitte melde dich“, (eins unserer ersten Stücke aus Teenagertagen mit vier Akkorden ohne jegliche Variation), das wir 2003 vermutlich aus reiner Ironie und Frustration nochmal ins Set nahmen und bis zur Ekstase in die Länge zogen. Nach der schweißtreibenden Performance waren alle verbliebenen Beteiligten des Abends jenseits von Gut und Böse und es wurde gemeinsam der komplette Inhalt der Clubbar vernichtet. Positiv zu erwähnen ist allerdings: Wir haben mehr T-Shirts verkauft als zahlende Gäste anwesend waren. (In Worten: zwei.)

Panik Panzer

RAPPER (ANTILOPEN GANG)

Wir sollten mit der Antilopen Gang 2011 einen Auftritt in Wien haben, der dann aber von Seiten der Veranstalter abgesagt wurde, weil Teile der Veranstalter Veto gegen uns eingelegt hatten. Begründung: Unsere Musik wäre menschenverachtend, sexistisch und so weiter. Daraufhin wurde im Internet viel darüber diskutiert und Menschen haben uns verteidigt, woraufhin der schöne Neologismus **ANTILOPENVERHARMLOSUNG** geschaffen wurde.

2017, als wir dann doch mal in Wien auftreten durften, hab ich auf der Bühne gesagt: „Wir werden uns heute nicht einschleimen. Wien ist die hässlichste Stadt, die ich je gesehen habe. Alles, was in der Donau fließt, ist nur Abwasser!"

War ein super Konzert.

Ninia LaGrande

MODERATORIN

Ich lege mich fest: Stadtfeste kommen aus der Hölle – zumindest, wenn man sie moderieren muss.
Die Leute sind unfreiwillig Publikum, weil sie zufällig ihre Primark-Tüten vorbeischleppen und sich wundern, was da auf der Bühne geht, niemand hört zu, ein Betrunkener oder ein alter Herr (oder beides in Kombination) mischt sich immer ein und die Technik ist meistens für'n Arsch.
Eines dieser Exemplare ist mir besonders in Erinnerung geblieben: Als ich gerade den TSV Fragmichmal für seine Vorführung ankündigte, kommt aus dem Nichts eine Frau zur Bühne gerannt und schreit: „Du kleine Zwergen-Fotze! Ich hasse dich!" Okay, denke ich, auch mal ne Art Feedback. Auf der Bierbank rechts reagieren blitzschnell zwei Typen und haken die Frau freundlich, aber bestimmt unter, um sie vom Areal zu entfernen. *

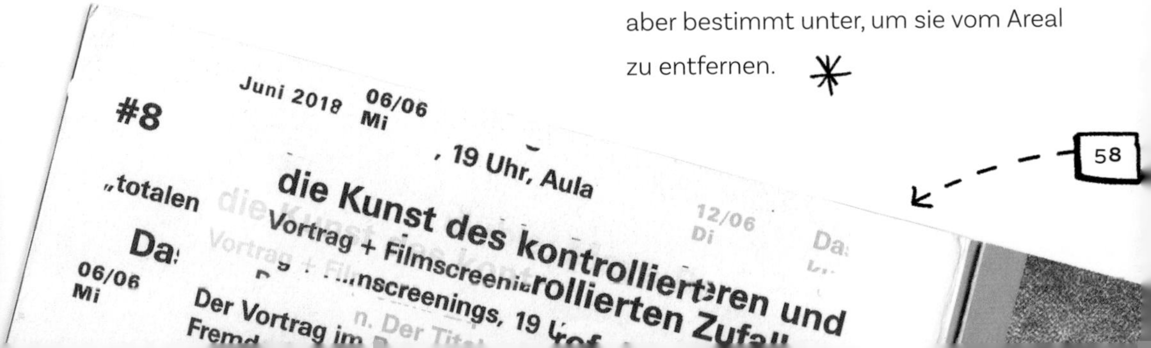

*

Ich mache jetzt nur noch Veranstaltungen, für die die Leute bezahlt haben – so benehmen sie sich dann nämlich auch. Sie lassen das Programm klaglos über sich ergehen und posten danach erst was bei Fatzebook. Besser nicht, aber ungefährlicher.

Die Logonauten

BAND

Konzert in Jena: Wir spielen zusammen mit einer Band, die bekannter und erfolgreicher ist als wir. Ihre Musik finden wir scheiße, wollen uns aber einschleimen. Unser Bassist nach dem Konzert zum Sänger der Band: „Ihr habt super Lieder, am besten fand ich eure Zugabe." Antwort des Sängers: „Okay, aber die Zugabe war ein Cover."

Ove thomsen

MUSIKER (OVE, TORPUS & THE ART DIRECTORS)

Höchstgradig unangenehm war es, dass der Moderator und DJ einer Open-Air-Veranstaltung erst unseren Soundcheck über die Anlage kommentierte und dann für das Konzert mit auf der Bühne blieb und diese erst nach mehrmaliger Aufforderung verließ. Es regnete in Strömen und es standen nur ein paar vereinzelte Menschen auf dem riesigen Platz vor der Bühne.
Als unser Konzert zu Ende war, wir hatten noch nicht mal die Bühne verlassen, pumpte er „Atemlos" und es strömten Massen an Menschen von links und rechts auf die Tanzfläche und trotzten dem Regen. Unsere Seelen retteten sich in die Unterwelt.

PoRKy

MUSIKER (DEICHKIND)

Wir haben uns auf Zypern
Ausbuhen lassen von wütenden österreichischen Abschlussschülern
Weil die Bühne nicht sicher war
Und die Veranstalter nichts an Sicherheit
Gebracht haben was Standard ist.
Es war nicht tragbar
Wir haben uns auf die Bühne gestellt und
Den ganzen Hass ertragen.
Wir haben nächsten Tag doch gespielt
Und am Tag darauf ist die Bühne zusammengebrochen mit Verletzten.

SSYNIC

STAND-UP-COMEDIAN & BATTLERAPPER

Ich hab 2015 einen meiner ersten bezahlten Comedy-Auftritte gehabt, für die für mich damals unfassbare Summe von 450 Euro Gage. Zweimal 15 Minuten sollte ich spielen, auf so ner Versammlung am Stadtrand von Berlin, stellt sich raus, Felix Lobrecht ist mit mir im Line-up. Während unserer Auftritte haben die Leute gegessen, Kicker gespielt, getrunken, ihre Scherze gemacht, die Tombola wurde ausgelost – absolut keine Atmosphäre für Stand-up-Comedy. Wir haben dann beide unser Set gespielt und Felix meinte dann: Jo, ich hau dann jetzt rein. Ich so, wie jetzt? Meint er so, ja, ich spiel heut nur 15 Minuten, Tschüss. Ich musste dann aber natürlich nochmal raus vors Publikum, bin da tausend Tode gestorben, weil die wirklich einfach keinen Bock auf Comedy hatten, und weils ja einer meiner ersten Auftritte war, konnte ich die auch nicht adäquat beleidigen. War auf jeden Fall die letzte Firmenfeier, auf der ich aufgetreten bin. Es sei denn, es zahlt nochmal jemand 450 Euro.

Chris der Berg

MUSIKER

Mit einer meiner Bands wurden wir einmal zu einem Konzert nach Tübingen eingeladen. Ungewöhnlich war, dass wir der Headliner sein sollten. Dies wurde vor allem dadurch problematisch, dass wir die Zeit bis zum Auftritt damit verbrachten, unheimlich viel zu trinken. Als wir auf die Bühne, die eigentlich nur das Ende eines langen Ganges war, gingen, stellte ich fest, dass ich den Bass-Verstärker der Vorband kaputt gemacht haben muss. Ich gab dann Bescheid und ein Bassist schaute mit mir nach dem Problem: Ich hatte den Amp nicht eingeschaltet. Während der Show war ich dann der Meinung, dass der Bass kaputt gegangen sein müsse, allerdings war ich so betrunken, dass ich mit meinem rechten Arm etwa einen halben Meter von den Saiten entfernt in der Luft herumschlug. Der Rest meiner Band hatte durch ähnlich tolle Leistungen geglänzt. Nach der Show fiel ich einfach um und habe erst mal auf der Bühne mit dem Bass um den Hals geschlafen. Am nächsten Morgen verspürte ich den Drang, zu spucken. Leider schaffte ich es nicht mehr aufs Klo, wodurch der Gang in Mitleidenschaft gezogen wurde. Unser Schlagzeuger hatte Zahnabdrücke auf seiner Stirn. Auf die Frage, wie es dazu kam, meinte er, dass er in der Nacht noch Streit mit einem Typen hatte und diesem eine Kopfnuss verpassen wollte. Leider war der Typ wesentlich größer als er, wodurch er ihm einfach nur gegen die Zähne gesprungen ist. Da wir die einzigen Zurückgebliebenen in der Location waren, sind wir dann einfach gefahren. Es kam nie wieder eine Einladung.

AALINGER

ULI

DRUMMER (BIERDOSENFREUNDE)

Und so begab es sich im Jahre 2016, dass ich meinen ersten Gig als Drummer der Bierdosen Freunde absolvieren sollte. Angesetzt waren zwei Konzerte: Das erste in Wunstorf (bei Hanno) und das zweite sollte uns nach Hamburg führen. Den Weg in die Hannoversche Peripherie trat ich gemeinsam mit meinem Kumpel Stolica (Anm. der Herausgeber: Wodka, den man niemals trinken sollte) an. Nach einer kurzen Erfrischung am Steinhuder Meer erreichten wir den „Club". Das Vorteilhafte der frühen Anreise war, dass wir erleben durften, wie der Rest der Band am Ort des weiteren Geschehens eintraf: Amir hatte schon ordentlich getankt ...also in dem Maß, dass es ihn schwer auf den Beinen hielt. Sven trat mir ab Sekunde eins mit der für ihn bekannten grimmigen Miene entgegen. Der Grund: Michi sollte einen Kombi mieten, damit es genügend Platz für Amir, Michi, Sven und Pera (der uns ebenfalls begleitete), die Instrumente, das Equipment und ausreichend Dosenbier gibt. Bei der Vermietung lief wohl etwas schief und ein scheinbar äußerst gerissener Vermieter schaffte es, Michi einen Mercedes S5000 oder so aufzuschwätzen. Folglich war zu wenig Platz für Dosenbier, was Amir dazu verleitete, sich zum Tourauftakt ein Fläschchen des billigsten Schaumweines vom Penny in die Figur zu stellen. Und so sah er auch aus.

Da wir allesamt trinkgeil waren, die Sonne nur so brutzelte, es obendrein dauernd Schnapsrunden gab und wir als Headliner spielen sollten, sah keiner mehr ganz frisch aus,

als wir nach Rötten Schock und One Step Ahead die Bühne betraten. Aber Amirs Vorsprung war uneinholbar.
Es war - wie gesagt - mein erster Auftritt mit der Band und ich war unsicher wie Sau trotz des Pegels. Aber ich spielte mich ein und konnte einigermaßen mit Sven das Ding rocken. Allerdings verkackte Amir zusehends mehr und mehr Lieder und hatte abnorme Schwierigkeiten, das Griffbrett seiner Gitarre zu bedienen. Es resultierte in einer katastrophalen Darbietung, da Michi sich nicht mehr in den Songs koordinieren konnte und die Improvisation nur halbherzig gelang. Wir mussten uns Amirs Schrott auf den Monitoren anhören, allerdings blieb das Publikum davon verschont. Der Mischer teilte uns im Anschluss mit, dass er Amir schon sehr früh stummgeschaltet hatte, da es unerträglich wurde. Mit Ende des Gigs brach der große Streit zwischen Amir und Michi los. Beide warfen sich im Vollsuff das Versauen des Gigs oder das Mieten eines Mercedes vor. Es flogen Fäuste und es kullerten Tränen und die Band wurde zwischendrin aufgelöst. Beim Einladen zog es Amir vor, ein Schläfchen auf dem Parkplatz zu halten, während sich Michi in die Wuthöhle zurückzog. Ich war fest davon überzeugt, das sei mein erster und letzter BDF-Gig gewesen. Es war der erste von vielen und am folgenden Tag hatte sich das Gewitter verzogen und die Jungs waren wieder lieb zueinander. Ich merkte:

(BIERDOSEN-)FREUNDE FÜRS LEBEN !!

InGo Donot

SÄNGER (DONOTS)

Ganz grundsätzlich sollte man als Band ja für jede Show und jede kleinste Aufmerksamkeit dankbar sein und wir Donots freuen uns auch nach 27 Jahren und über 1.200 Shows immer noch wie Kleinkinder auf jedes nächste Konzert. Aber Ende der 90er hatten wir doch bei all dem Band-Glück mal eine Verkettung schlimmster Umstände auf Tour, irgendwo im wunderschönen Havelland im Osten der Republik. Die letzten 50 Kilometer des Wegs haben wir mit angezogener Handbremse zurückgelegt (selbst schuld!) und sind dementsprechend mit qualmendem Van vorgefahren. Ausgehungert wie eine biblische Plage sind wir dann über das Catering hergefallen, welches für acht Bands aber genau aus einem halben Laib Brot mit einem Messer drin und einem leeren Pott Marmelade bestand. Man hatte uns im Vorfeld versichert, wir müssten nichts mitbringen, weil eine komplett deckungsgleiche Backline zu unserer eigenen vor Ort sei. Das Equipment dort war dann aber doch eher aus der Kategorie „Jugend forscht“ und am Ende weder komplett noch spielbar, weshalb wir uns bei allen anderen Bands notdürftig etwas zusammengeliehen hatten.

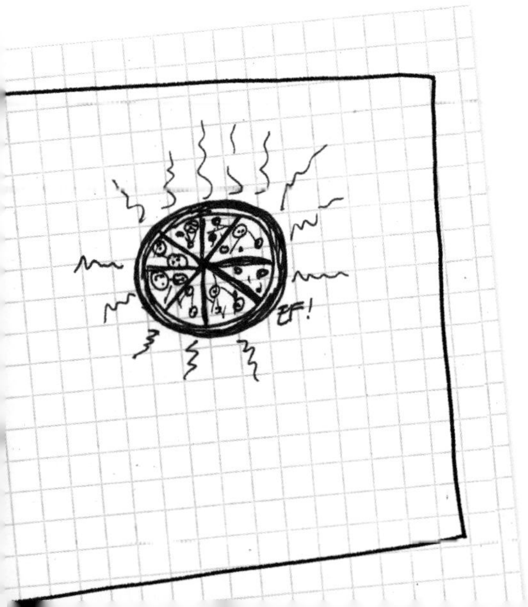

Unser vegetarisches Abendessen waren Biermarken für eine Currywurst (nicht veggie) und als wir darauf um einen wirklich fleischlosen Snack gebeten hatten, kamen Salami-Pizzen („Die Wurst kann man ja auch an die Seite vom Teller tun!“) WÄHREND unserer Show (haben dann zwischen den Songs gefuttert).
Das Konzert selbst fand auf einem Gelände für circa 6.000 Leute statt und in etwa 50 waren gekommen. Spaß hat die Show natürlich trotzdem irgendwie gemacht, weil am Ende eigentlich immer alles gut ist, sobald es laut wird. Nicht ganz so unterhaltsam war der sechsstündige Nachhauseweg, den wir freiwillig angetreten sind, weil aus der versprochenen Pensions-Unterkunft kurzerhand ein Lager

aus nicht genügend Feldbetten in einer offenen Scheune wurde. Der Veranstalter ist übrigens noch vor unserer Show an dem Tag auf Nimmerwiedersehen untergetaucht und eine Gage haben wir niemals bekommen. Hätten wir doch mal den halben Laib Brot mitgehen lassen ...

Johannes Floehr

AUTOR

In Paderborn bin ich mal bei einer offenen Bühne aufgetreten. Mein Auftritt war erst spät am Abend und ich vertrieb mir die Zeit dahin mit viel, viel Alkohol. Nachdem ich dann schließlich meine zwei ernsteren Kurzgeschichten – eine über Demenz, eine über Liebe – vorgetragen hatte, fragte mich der Moderator im Talk auf der Bühne, wer die Texte denn geschrieben habe. Offenbar hatte ich nicht (mehr) den Eindruck gemacht, als könne ich so etwas verfassen. Es entstand ein sehr unangenehmes Gespräch, in dem ich nuschelnd und biertrunken meine verletzte Ehre zu retten versuchte. Bin dann, ohne meine Gage abzuholen, nach Hause gegangen.

Willi Bücking

TONTECHNIKER

Meinen bis heute unspaßigsten Abend als Tontechniker hatte ich, als einmal eine drittklassige Crossover-Metal-Band aus dem europäischen Ausland, die von sich selbst behaupteten, zu Hause ziemlich berühmt zu sein, bei uns im Jugendhaus auf ihrer Tour Halt machte. Während der Veranstalter damit beschäftigt war, der Sängerin stilles Wasser ihrer Wunschmarke zu kaufen, da sie sich sonst weigerte, aufzutreten, durfte ich mich neben einigen anderen Dingen mit dem Gitarristen und seinem unersetzbaren, schweineteuren Vintage-Verstärker rumschlagen, den er, während ich kurz unaufmerksam war, in die einzige Steckdose steckte, die ich ihm verboten hatte (war sogar zugeklebt), woraufhin kurz später während dem Soundcheck der Strom ausfiel. Einem kurzen Moment der Panik folgten viele lange Momente, in denen ich nacheinander von allen fünf Bandmitgliedern angeschrien und körperlich bedroht wurde, weil sie unter diesen Umständen nicht arbeiten könnten und besagter Verstärker ja von sowas kaputt gehen kann. Das Konzert, das zum allergrößten Teil Playback vom Laptop war (was sie mir durchweg verschwiegen hatten und später leugneten), konnte glücklicherweise trotzdem stattfinden und die vorangegangenen Strapazen hielten besagten Gitarristen auch nicht davon ab, mich zu fragen, ob ich ihm Gras besorgen könnte, wir wären ja schließlich jetzt gute Freunde nach alldem.

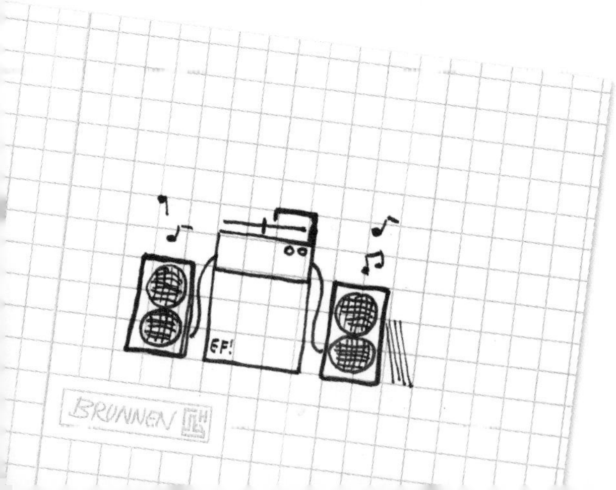

Lisa Who

SÄNGERIN & LIVE-KEYBOARDERIN BEI MADSEN

Mit der Band auf Tour, Köln. Als wir an dem kleinen, von außen schon sehr stillos aussehenden Kulturclub ankamen, beschlichen uns schon böse Vorahnungen. Auf einer klapprigen Tafel stand groß und schön der Name einer anderen Sängerin, die im oberen, durchaus netten Bereiches des Clubs spielte, darunter ganz krakelig-klein: 20:00 Lisa Who, AK 15 €. Das wars auch schon, was an Werbung von Clubseite aus passiert war. Unser Bereich war der Keller, der wie ein Raum aussah, den man zu seinem 60. Geburtstag mietet. Nullkommanix von Clubcharme. Wir wurden so unherzlich, wie es nur geht, vom Club-Betreiber begrüßt, direkt sollte die Miete für den Laden von 200 € in bar bezahlt werden. Miete? Ich wusste nicht, dass wir den Laden angemietet hatten, konferierte mit meiner Bookingagentur, aber es war eh schon alles zu spät. Wir fühlten uns unwohl und unwillkommen. Wir erfuhren, dass ein einziges Ticket vorverkauft wurde, wir die Kasse für den Abend selbst machen müssten, ein paar Getränke bekämen, aber kein Essen. "Das ist eine Vermietung, also Vermietung heißt Überlassung eines Raumes, wenn ich das richtig im Kopf habe, oder les ich im falschen Duden?" Der eine verantwortliche Typ war außerdem total angepisst, dass er uns bei der Technik helfen musste, das hatte er wohl nicht kommen sehen. Der Abend erlangte seinen Höhepunkt darin, dass wir auf der Bühne genauso viele Menschen wie vor der Bühne waren: sechs. Zwei Gewinnspielteilnehmer*innen und unsere Vorband á zwei Personen inklusive. Ich habe mich vor, während und nach dem Auftritt so unfassbar unwohl in meiner Haut gefühlt, dass ich mich (nicht zum ersten Mal) gefragt habe:

WOZU MACHT MAN DIESEN GANZEN **WAHNSINN** EIGENTLICH ?

Lara Ermer

AUTORIN

Ein Klassiker: In dem Moment, in dem ich anmoderiert wurde, ist der Knopf meiner Hose abgefallen. Es waren Hotpants, das heißt, die Hose hätte mir in der Kniekehle gelegen. Musste durchs Publikum auf die Bühne, habe im Gehen umständlich einen neuen Verschluss aus einer Haarnadel und einem Haargummi gebastelt, stand mit halboffener Hose auf der Bühne und habe mich sehr geschämt.

FILOLINO

Quichotte

STAND-UP-COMEDIAN & RAPPER

Wir waren von einem Kollegen eingeladen worden, auf dem von ihm organisierten Festival in Waldbröl zu spielen. Allerdings hätte uns die Tatsache, dass die Begriffe „Waldbröl“ und „Festival“ so derart dicht nebeneinander auftauchten, bereits stutzig machen sollen. Immerhin war das Dorf bis dato nicht gerade als Rock-'n'-Roll-Hochburg bekannt gewesen. Uns war das relativ egal, schließlich sahen wir uns ob dieser Einladung bereits oberkörperfrei in den Zuschauermassen stagediven und im großzügigen Backstage mit Groupies abhängen. Als wir am Ort des Geschehens ankamen, stellte sich die Sache etwas anders dar: Es gab keine Anlage, lediglich zusammengewürfelten Schrott aus der Musikschule, und der Vorverkauf lag bei fünf Tickets. Die restlichen vier Bands waren ähnlich konsterniert wie wir. Nachdem wir dann die Anlage selbst aufgebaut hatten und die Inbetriebnahme derselben zumindest funktionierte, ohne dass man den daraus resultierenden Sound auch mit viel Fantasie als wohlklingend bezeichnen könnte, warteten wir im „Backstage“ auf das Einströmen der Menschenmassen. Der Veranstalter, also unser Kumpel Björn, hatte uns vollmundig versprochen, dass halb Waldbröl kommen würde und noch „einiges an der Abendkasse geht“. Am Ende sah das dann so aus, dass drei von den fünf vorverkauften Tickets von den entsprechenden Menschen an besagter Abendkasse wieder zurückgegeben wurden, weil sie wohl die komplette Szenerie als ähnlich unwürdig betrachteten wie wir. Und auch nach mittlerweile hunderten von Auftritten in den unterschiedlichsten Locations habe ich nie wieder erlebt, dass an der Abendkasse minus drei Tickets verkauft wurden.

Quichotte

Die beiden verbliebenen Zuschauer standen dann also etwas verloren in dem viel zu hell ausgeleuchteten Jugendzentrum. Die beigen Industriefliesen und die beiden schnöden Betonsäulen vor der „Bühne" taten ihr Übriges, um so überhaupt kein Festival-Feeling entstehen zu lassen. Das war dann auch der Moment, in welchem uns Björn eröffnete, dass er sich als Gage vorgestellt hatte, dass wir die Zuschauereinnahmen durch sechs teilen. Und der Eintritt lag bei drei Euro fünfzig.

Die Bands hatten sich also einstimmig dazu entschieden, das als Probe zu betrachten. Nachdem die zweite der vier Hardcore-Combos ihren Auftritt beendet hatte, waren wir dran. Kurz bevor wir auf die Bühne gingen hatten wir eine Eingebung. Wir dachten uns, dass es ja eigentlich egal ist, ob nun zwei Leute vor der Bühne stehen oder zweitausend. In beiden Fällen haben alle Zuschauer Eintritt bezahlt. Deshalb, so fanden wir damals, hätten die beiden auch verdient, dass wir die Bude zerlegen. Und das taten wir. Nach dem dritten Song riss ich mir mein Unterhemd vom Leib, das zu diesem Zeitpunkt bereits schweißgetränkt war, einfach weil wir in Sachen Energie unverhältnismäßig übertrieben hatten. Die beiden Zuschauer blickten sich zwischendurch verstört an, wandten sich nach hinten und mussten dann feststellen, dass wir tatsächlich ausschließlich für sie spielten, als wären wir Headliner bei Rock am Ring. Sie hatten entsprechend auch eine Songlänge gebraucht, um ob unseres Einsatzes angesteckt zu werden und zumindest im Takt unserer Musik enthusiastisch mit dem Fuß auf den Boden zu tippen. Bei besagtem Lied Nummer drei wirbelte ich also das triefende Unterhemd über den Kopf und warf es dann beim Gitarrensolo in die Menge. „Menge" ist hier eher mathematisch gemeint. Mein zerrissenes Unterhemd flog also durch den viel zu hellen Raum und landete mit einem satten Flatschen genau zwischen den beiden. Sie applaudierten frenetisch. Aufgehoben habe ich das Teil später selbst. Nach unserem letzten Song, bei dem sich die beiden immerhin von den Säulen wegbewegt und an die Bühnenkante begeben hatten, um tatsächlich zu tanzen, wollten beide von uns ein Album kaufen. Und bei aller angebrachten Ironie dieses Ereignis betreffend muss ich sagen, dass wir nie wieder einenMerchandise-Schnitt von 100 % erreichten.

timon KRause

MENTALIST

Niederlande 2018, erste Tour, Vorstellung ausverkauft. Abend läuft gut und Publikum hat richtig Bock. Wir kommen zu der Stelle, an der wir einen Gottesdienst parodieren. „Say Halle-Fucking-Lujah!", schreie ich. Augenblicklich steht ein Drittel des Publikums geschlossen auf und geht. Stellte sich am Ende raus, dass wir im hochreligiösen „Bible Belt" der Niederlande zu Gast waren. Die lokale Gemeinde hatte sich zusammen Tickets zu unserer blasphemischen Show gekauft. (Habe mich noch bei Gott entschuldigt, aber sie sagt, war schon okay.)

Gentleman

REGGAE-MUSIKER

2004 beim „Sting“-Festival in Jamaika. Erst war alles gut, ich hab gesungen, 30.000 Feuerzeuge wurden geschwenkt und alle waren am Start. Doch dann habe ich einen Fehler gemacht: Ich hab zu viel geredet. Und dann kamen die ersten Stimmen aus dem Publikum: Hey, sei mal ruhig jetzt hier! Und dann flog so eine Plastikflasche, weil die halt auch einfach sehr ungeduldig auf diesem Festival waren. Nächster Fehler: „Ich bin durstig, gebt mir mehr!“, hab ich dann gerufen. Ich wurde dann „gebottelt“, es flogen noch mehr Plastikflaschen auf die Bühne und damit war mein Auftritt dann auch vorbei. Zwei Bodyguards trugen mich von der Bühne, links und rechts am Arm und die Füße so in der Luft. Und ich hab mir gedacht: Hey, das ist das Sting-Festival, ganz viele Künstler werden da gebottelt. Da hatte ich das Gefühl: Ich bin jetzt angekommen. Die haben nicht mehr gesagt: Der ist aus Deutschland, den dürfen wir nicht botteln. That’s part of it und der singt jetzt scheiße. Ein Zeichen von Akzeptanz des Publikums, auf eine Art.

HAUCK & BAUER

Andrea Volk

KABARETTISTIN

Ich bin Teilzeit-Vegetarierin. Im Zeugnis würde stehen: „Hat sich stets bemüht." Auf Tour ist das allerdings schwer. Was hab ich da nicht schon alles vorgesetzt bekommen: „Tja, such dir ein Stück Tiefkühlpizza aus der Kühltruhe aus, da ist die Mikrowelle, oh, guck mal, da haben wir auch noch 'ne Tomate". Der Smiley-Teller: einfach nur Süßigkeiten; Smarties als Augen mit einer mich auslachenden Banane als Mund. Die unzähligen Käsebrötchen und noch mehr Käsebrötchen, eine Straße aus Käsebrötchen von hier bis zum Mars. Und dann die Krönung: der wilde Osten. Auf irgendeinem Dorf, von Köln aus musste ich dreimal den Zug wechseln, die Züge wurden immer kleiner, zum Schluss war es eine Schubkarre – eine verlasse Kulturhalle, mit viel Devisen renoviert. Mein Catering: Bratwurst. Als ich schüchtern anmerkte, dass ich Teilzeit-Vegi bin, hieß es, am Markt sei Dorffest. Was fand ich dort: eine Bratwurst-Bude. Letztlich bestand mein Catering aus einer Scheibe ungetoastetem Weißbrot mit Senf. Die Belohnung kam zum Schluss: eine megaschöne Pension, in der der Hotelinhaber mich als einzigen Gast persönlich bekochte, bediente und lückenlos abfüllte. Mein persönliches „Dinner for One".

Florian Hacke

SCHAUSPIELER UND KABARETTIST

In der 5. Klasse war unsere Theater-AG-Lehrerin Frau Schlotzgruber. Sie hatte natürlich hennarot gefärbte Haare mit grauem Ansatz, trug mehrere Kilo Bernsteinringe und Türkisbroschen und ihre weiten, asymmetrischen Röcke rochen nach Kräutertee und Gemüsesuppe. Wir probten ein Jahr lang irgendeine zeigefingerige Version von Arche Noah oder Weltuntergang oder irgendwas mit Klima. Ja, wir wussten 1988 schon Bescheid! Und ich war rothaarig und dick und Brillenträger, aber ich war dabei und meine Rolle war der Regenschirmverkäufer Benjamin. Regenschirmverkäufer. Wegen Sintflut und 5. Klasse-Kapitalismuskritik, klar. Ich war nicht gut, aber ich wusste es nicht. Wir haben Szenen geprobt und Lieder geübt, es gab sogar eine Choreo, weil Sandrine konnte Jazzdance, und unsere Kulissen waren selbstgemalt mit Herzblut, und das ist keine Metapher. Dann war Premiere und alle waren in der Aula. Alle. Es war sehr hell, aber ich konnte sehen, wie sie mich anstarrten. Mein Text, das weiß ich noch, lautete: „Hagel, Regen, Schnee, let's go, die Schirme gibt es bei Rain und Bow. Für jede ... jeden ... für ...“ – dann wusste ich nicht weiter. Ich stand alleine auf der Bühne, es war totenstill, alle guckten mich an und die Souffleuse war Ann-Katrin, die war zu schüchtern, um mitzuspielen, aber es stellte sich raus: Sie war auch zu schüchtern, um zu soufflieren. Gefühlte zwei Stunden stand ich da und alle starrten mich an und begannen, zu flüstern und zu kichern. Es war der schlimmste Moment meines Lebens. Hätte es damals schon Handykameras und YouTube gegeben, dann wäre ich wahrscheinlich jetzt tot. Totgeschämt. Von da an wollte ich natürlich unbedingt Schauspieler werden, denn so schlimm das war, es war doch spannender, als nur ich selbst zu sein.

Patrick Salmen

AUTOR

Typ (nach der Lesung):

„Ich finde das übrigens richtig gut, dass du immer noch in so kleinen Läden auftrittst."

Ich:

„Danke. Das freut mich."

Typ:

„Ne, wirklich. Ist mag es einfach . In so großen Clubs würde da viel an Charme verloren gehen. Schön, dass du so geerdet geblieben bist.

→ Lieb es einfach, wenn Leute meinen ausbleibenden Hype als Bescheidenheit interpretieren.

Erin Crouch

COMEDIAN

I was backstage in the green room at the Alaska B4UDie Comedy Festival in 2019, getting ready to go out and perform in 10 minutes. Another random comedian came up to me and said, „Hey, I didn't know they let wives back here. Aren't you supposed to be in the audience?"

Coremy

ENTERTAINERIN

Mein schlimmster Auftritt war bei einer Comedy-Show, bei der ich spontan eingesprungen bin. Als ich mit den anderen jungen Komiker:innen vor einem halb blinden, halb tauben Publikum stand, wurde mir erst klar, dass ich das Wörtchen "Seniorenresidenz" in der Anfrage überlesen hatte. "Spiel einfach dein bestes Zeug, dann kanns ja nicht so schlimm werden", wurde mir geraten. Ich stieg also auf die Bühne und begann meinen Song. Erst im Refrain fiel mir auf, dass "Lesbische Liebesspiele" als Thema hier vielleicht doch nicht die beste Idee waren. Die entsetzten Blicke der alten Leute gaben mir recht. Blöd nur, dass das Lied drei Strophen hatte. Nach verhaltenem Applaus stimmte ich schnell mein zweites Lied über mein Gap Year in Australien an. Das machte es nicht besser. Die Leute waren nicht mal mehr entsetzt, sondern nur noch verwirrt. Vier Strophen lang. Meinen ganzen Auftritt lang gab es nicht einen Lacher. Außer von der Pflegerin in der letzten Reihe. Die hat sich prächtig amüsiert.

Sarah Burrini

COMICZEICHNERIN

Als ich morgens mit meinem Rollkoffer auf das weitläufige und menschenleere Industriegelände in Köln-Müngersdorf einwackelte, um zum „Festival Of Lame“ (Name schlecht verfremdet) zu gelangen, dachte ich, ich wäre unfreiwillige Protagonistin in der „Last Man On Earth“-Twilight-Zone-Folge. Nach halbstündigem panischen Herumirren öffnete plötzlich jemand im Igor-Stil die Tür zu einem unscheinbaren Container, in der sich angeblich Hollywood-Stars und Comiczeichner und eine Masse an Besuchern tummeln sollten. Was mich erwartete, waren exakt null (in Zahlen: 0) zahlende Besucher und ein immerhin kostenloser Sitzplatz mit einer unangenehm unausgefüllten Anstellfläche zwischen uns Zeichnern und den Schauspielergästen wie u. a. dem „Todd“ aus Scrubs und der zweiten Freundin von Marty McFly, die damit beschäftigt war, sich die Nägel zu machen. So gab es für uns alle nichts anderes zu tun, als den ganzen Samstag auf den sich auf dieser Fläche niedergelassenen oberkörperfreien Conan-Cosplayer und seine einsamen Luftschwertkämpfe zu starren, während ich mich an meinem aus einer Capri-Sonne und Salamibrötchen bestehenden Buffet labte und in der eisigen Zugluft über meine Lebensentscheidungen nachdachte.

Thomas Gsella

SATIRIKER

Irgendwann war der Erfolg halt da, la reputación global, die Einladung nach Wien, zur Doppellesung an zwei eiskalten Februar-Abenden. Der gastgebende Herr Jurst überließ ihm seine Wohnung, es musste ja nicht immer das Sacher sein. Nach der zweiten Nachtlesung das Übliche aus Grappa, Zigarillos, Groupies, schwarzblau hing der Morgenmond, „Taxi!"

Minuten später frickelte er am Jurst-Logis herum und kriegte es nicht auf. Der Innenriegel, schließbar auch dem Namen nach exklusiv von innen, musste beim Hinausgehen eingerastet sein, sic. Der Autor rüttelte und schüttelte, sehr kalt war es, sehr spät, er war leicht fiebrig, heiser, stark beschwipst, „du b-blöde Sautür, m-mach halt hin, aaah, fuck!"

Ein Stündlein rüttelte er so, die Nachbarstür ging auf, ein Unterhosenserbe trat heraus, sein Mienenspiel war fragend. Heiser glitt der Autor alle Wogen: „Hei, okay, isch w-wohn hier net, darf aber hier penne! Gänsefleisch `n Brecheise hole, hups? Wahlweisä Hammä un Sischel, quatsch: Meißel! Isch muss diesä vaschissene Kacktür, uhööh, brüöööch ...!" Worte erstarben im Husten. Der Serbe: natokriegsverschüchtert, aus Prinzip hielt er sich raus, „ich nixe habbe", wortlos schlich er outdoor pinkeln, die Wohnungen in diesem Haus hatten Flurtoilette. Sein Täschlein griff der Autor unter, lief durch den 15. Bezirk, den Arsch von Wien, fünf Uhr, die menschenleere Luft gefror.

Um halb sechs kam ein Autobus gerutscht, der Autor stoppte ihn. „Sag mir, gibt's hier ein Hotelchen? Nein? Hast du ein Bettgestellchen? Ich bin Dichter, Herr Richter ..."

Später, als es Tag war, lotste er seinen Gastgeber Herrn Jurst in ein Café. Warum denn er, der Autor, ihn nicht früher angerufen habe, fragte Jurst, nachts sei er gemeinhin wach und das Türöffnen ein Kinderspiel, warum er also und beim Zeus nicht augenblicklich angerufen habe? Weil's kalt war, vermutete der Autor und sagte es ihm nicht, weil alles viel zu kalt war, ergreifend desaströs und ungeheuer dunkel.

MICHAEL HOLTSCHULTE

AUDIO88

RAPPER (AUDIO88 & YASSIN)

Vorweg: Es war gar nicht so leicht, sich auf eine Geschichte zu einigen, da man auf Tour erstaunlich viel schräges Zeug erlebt. Manche kann man nicht erzählen, da sie strafrechtlich relevant und noch nicht verjährt sind, und bei anderen kommen wir rückblickend menschlich nicht immer gut weg.

SORRY AN ALLE!

Es muss zwischen 2012 und 2014 gewesen sein und wir hatten vergessen, dass irgendwann das Finanzamt wieder Geld von uns haben will. Das war auch leider recht viel und wir hatten die Kohle einfach nicht. Zeitgleich erreichte uns ein unmoralisches Angebot: ein Auftritt bei einem privaten Geburtstag. Wir hatten mit solchen Engagements schon Erfahrungen sammeln dürfen und die waren eigentlich alle negativ, aber zufälligerweise deckte sich unsere Gagenvorstellung mit der Forderung vom Finanzamt und wurde auch sofort akzeptiert. Unser Auftritt war das Geburtstagsgeschenk für jemanden mit einem Namen wie Brot, Wanne oder Seife, so punkernamenmäßig. Wir haben seinen richtigen Decknamen natürlich nicht vergessen, aber fliegen hier lieber ein bisschen unter dem Radar. Wir nennen ihn einfach „Seife“. Gebucht wurden wir von Seifes Frau und die „Show“ fand vor einer Scheune in einem sehr abgelegen Dorf statt. Hätte also auch eine Falle sein können. Seife wurde an dem Tag 30. Das Geburtstagskind trug die ganze Party über ein riesiges Hühnchenkostüm, wodurch direkt ein wenig Freizeitpark-Feeling aufkam. Das Publikum bestand aus 20 bis 30 Gästen, die draußen auf alten Sesseln und Sofas saßen und dort enthusiastisch Bong rauchten. Irgendwo rotierte ein Spanferkel über offenem Feuer und alle waren extrem nett und gastfreundlich, aber wir waren ja auch das Geschenk.
Da ich keinen Führerschein habe, konnte ich mich noch vor unserem Auftritt betrinken und habe das auch in Rekordzeit geschafft.

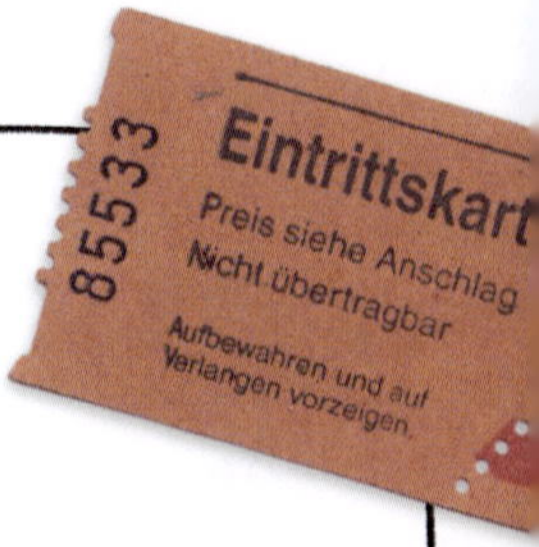

Einerseits sehr unkollegial gegenüber meinen Bandkollegen, andererseits gehörte damals Alkohol zum Konzept der Kult-Band Audio88 & Yassin und es war schließlich der 30. Geburtstag von Seife! In meiner Erinnerung hat mein Zustand der Show aber überhaupt nicht geschadet und alle hatten Spaß. Kann mich natürlich auch irren. Yassin und ich hatten aber am allermeisten Freude an Breaques DJ-Pult. Dieses war nämlich viel zu niedrig und irgendwie konnte auch keine Lösung gefunden werden, die Plattenspieler höher zu stellen. Da unser DJ aber alles für eine guten Auftritt geben würde, hat er ganz normal während der ganzen Show auf Knien aufgelegt! Es gibt Fotos davon und die sind seit Jahren das beste Mittel gegen schlechte Laune. Es sah so aus, als würden vorne zwei Typen ultra gut rappen und dahinter findet zeitgleich ein Kasperletheater statt. Das Publikum blieb einfach sitzen, vermutlich weil sich die Bong so besser flutschen ließ. Happy Birthday, Seife!
Unter Musikern gehört es zum guten Ton, vor der Abreise alles an Essen und Getränken aus dem Backstage mitzunehmen. Da wir keinen Backstage hatten, musste ich also das halbe Buffet abräumen. In dem Bewusstsein, dass das nicht ganz die feine Art ist, versuchte ich, die Lebensmittel unbemerkt abzutransportieren. Also schwankte ich mit diversen Tüten Flips und Chips unter meinem stark ausgebeulten T-Shirt und so viel Bier wie in meine Hosentaschen passte über Seifes Hof und verabschiedete mich möglichst unauffällig und zugleich maximal staatsmännisch von unseren Gastgebern. Die Knabbereien verteilten Breaque, der inzwischen auch gut auf Level war, und ich großzügig wie zwei Trottel auf der Rückbank von Yassins Wagen. Gab dann auch noch bisschen Streit (zurecht), also alles in allem ein gelungener Ausflug ins Hinterland. Wurden auf jeden Fall von einigen Festivals schon schlechter bezahlt und umsorgt, also danke für alles, Seife! Wie ich mal in Wiesbaden morgens hinter dem Hotel geraucht habe und da eine unbekleidete männliche Leiche lag, erzähl ich euch beim nächsten Mal.

Micky Beisenherz

MODERATOR UND AUTOR

Wer sich auf eine Bühne stellt, erschafft sich selbst die Möglichkeit, sich beispiellos zum Deppen zu machen. Man exponiert sich, man schreit förmlich:

SEHT HER,
ICH BIN EIN
VOLLIDIOT

Für introvertierte Charaktere ist das eher nichts. Man muss es auch erst mal aufs Podium schaffen. Also ganz wörtlich. Ich erinnere mich noch an eine legendäre Szene auf einem CDU-Parteitag, als der Kanzlerkandidat Edmund Stoiber zu den Klängen von Tina Turner auf die Bühne spurtete und sich, ganz Edmund Stoiber, zunächst einmal ordentlich auf die Fresse legte. Ein wenig metaphorisch, möchte man meinen. Bei meinen Bühnenauftritten ging in meiner Erinnerung alles weitestgehend glatt. Zumindest wenn man mal davon ausgeht, dass die dort verkauften Inhalte, mauen Witze und seltsamen Weltanschauungen alle so beabsichtigt waren. Die Geschmäcker sind ja nun doch sehr verschieden.
Ungleich heftiger daneben geriet ein Auftritt in einer WDR-Sendung, in die ich hineingeriet, in der harmlosen Absicht, es handle sich um eine lustige Unterhaltungssendung. Leider artete das Ganze aus zu einer Diskussionsrunde über Rassismus, Polizeiprobleme und unsensible Sprache. Es folgten, oh, Wunder, heftige Diskussionen im Internet und ich musste mich für die politisch inkorrekte Bezeichnung eines Schnitzels rechtfertigen, das ich bis zu diesem Zeitpunkt meinen Lebtag nicht einmal bestellt hatte. Thommy Gottschalk erzählte eine launige Anekdote, wie

er sich einmal schwarz schminkte und wusste, wie BPoC sich fühlen. Am Ende fand ich mich dabei wieder, wie ich mit dem Sänger von „Dicke Titten, Kartoffelsalat“ oder „Schöne Mädchen sind die besten, das kann jeder gerne testen“ über sensible Sprache debattierte. Was für ein Drama. Fühlte sich in dem Moment schon so richtig an wie ein CSD-Besuch mit Friedrich Merz. Das ganze Ausmaß der Shitshow wurde mir allerdings erst dann bewusst, als das Internet nochmal auf seine unnachahmliche Art eine persönliche Rückschau vornahm. Manchmal sind es eben nicht nur die Dinge, die man auf der Bühne sagt, sondern vor allem die Dinge die man nicht sagt.

Ich für meinen Teil habe bei der sprachlichen Holzhacker-WM eigentlich nur dabei gesessen, innerlich den Kopf geschüttelt und gedacht „Lass die mal labern“. Aber auch bewusstes Nicht-Reden kann manchmal eine sagenhafte Peinlichkeit sein. Dafür bin ich jetzt Deutschlands Schnitzelbeauftragter, na, schönen Dank auch.

Christoph

BASSIST

Wir waren im Veranstaltungsplenum von einem Krusten-Squad-Hausprojekt und wir wurden zwei Stunden lang ignoriert, weil die erst ihre internen Probleme bereden mussten, bevor es um Veranstaltungen geht (for reasons unknown). Alle Probleme in ihrem Protokollbuch bezogen sich auf eine anwesende Person namens „Punker“, der mehrfach darum gebeten wurde, endlich seine drei Busse vom Hof zu fahren, alles geklaute Werkzeug zurückzugeben und nicht offen harte Drogen zu konsumieren. Punker hat konsequent alles abgestritten oder auf nächsten Monat vertagt und/oder Leute persönlich beleidigt, und als dann der letzte Tagesordnungspunkt kam, mit der Frage, warum er denn in seinem Zimmer den kompletten Parkettboden rausgerissen hätte, meinte er: „Da wars Viehzeuch drinne!“ Ich musste das ganze Plenum über einen Punkt an der Wand fixieren und mir Zahlen vorstellen und all meine Konzentration aufbringen, um nicht zu lachen, und war deshalb, als ich dann endlich dran war, nicht in der Lage, mein Gig-Anliegen vorzutragen, und hab mich unauffällig mit Tränen in den Augen rausgeschlichen, um mich totzulachen und nie wiederzukommen.

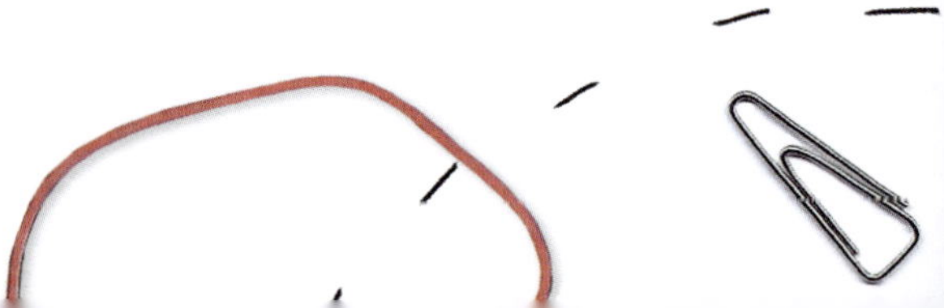

Johannes Floehr

MODERATOR

Psst, Geheimnis: Ein sehr wichtiges Stilmittel auf der Bühne ist die Lüge. Das beginnt je nach Auftrittsort teilweise schon mit dem „Schön, hier zu sein!" und endet bei „Ihr wart ein wundervolles Publikum!". Die unangenehmste Lügerei musste ich allerdings betreiben bei der Moderation der Spielzeiteröffnung eines Theaters. Dort gehörte zum bunten Programm auch eine Versteigerung von Kostümen aus abgespielten Theaterstücken. Den ganzen Tag über konnten die Besucher*innen sich die Kleider und was weiß ich nicht was ansehen und Gebote abgeben, später auf der Bühne wurden die Gewänder dann von einer Theatermitarbeiterin erklärt und präsentiert, ich musste dann fragen, ob jemand im Publikum bereit wäre, die bis dorthin per Zettel abgegebenen Gebote zu überbieten. Jedoch: Das Theater wollte die Stücke nicht zu günstig verkloppen, weswegen es für jedes Teil ein Fantasiegebot von fiktiven Leuten wie „Ulf Schmitz aus Wuppertal" gab. Und so wurde nach und nach ein Kleidungsstück vorgestellt, ich verkündete das bisherige Höchstgebot von ausgedachten Bieter*innen und ob jemand mehr geben möchte sowie anschließend die Frage, ob "Ulf Schmitz aus Wuppertal" denn im Saal wäre. Wohlwissend, dass sich niemand melden würde. „Wir schicken ihm das dann zu, kommen wir nun zum nächsten schönen Gewand." Dieses Schauspiel wiederholte sich dann 14 Mal. Nach ein paar Runden schien auch das Publikum zu begreifen, was hier gespielt wurde, und wurde unruhig, aber wir mussten es natürlich durchziehen auf der Bühne. Letztlich blieben sämtliche Stücke im Fundus des Theaters. War schön gewesen, wundervolles Publikum, und liebe Grüße an Ulf Schmitz in Wuppertal.

Mark Benecke

KRIMINALBIOLOGE

So richtig harten Unbill vermeide ich, ganz Aspi, indem ich einen zigseitigen Vorab-Bogen, den so genannten „Bühnen-Rider“ mit allen Infos zu Kabeln, Beamer, Mikrofon (bringe ich mit), Garderobe (brauche ich nie) und dergleichen Jahre im Voraus unterschreiben lasse. Kein Witz. Bei uns treten deshalb vielleicht andere Wirnisse auf als bei anderen Bühnenschaffenden.
Ein typischer Fail war beispielsweise, beim weltgrößten Gothic-Festival mit Crudelia, dem Spezial-Effekte-Mann der knorken Band Agonoize, seitlich bei den Tonleuten auf der Bühne zu stehen und dort, einfach aus Scheiß, das bereits reichlich angerührte Kunstblut zu trinken.
Es ist immer genug da, weil Sänger Chris von Jahr zu Jahr die Literzahlen des roten Zeugs steigert, die er ins Publikum spritzt. Was mir weniger klar war: Das Kunstblut enthielt zwar wie versprochen Vodka, davon abgesehen aber auch weniger schmackhafte bis die Schleimhäute zersetzende Zutaten. »Hätte man sich denken können«, jaja. Aber für sowas gibt's halt keinen Absatz im Rider.
Auch mit präziser Anleitung geht es bei uns öfter schief. Rammstein hatte beim Abschlusskonzert der Tour 2019 in Wien einen ganz bestimmten Teppich an einer ganz bestimmten Stelle ausgelegt, der für eine sehr kurze Zeit den Treffpunkt zum Backstage darstellte. Wer nicht dort stand, kam nicht rein. Drei Minuten, bevor die Frist ablief, fiel meiner Frau Ines ein, dass sie ihren Rucksack, der die vorgeschriebene DIN A4-Größe überschritten hatte, außerhalb des Stadions eingeschlossen hatte. Ticktack, so schnell sind Menschen selten aus einem Stadion raus, zur Rucksackabgabe, gegen den Strom tausender Menschen und dutzender Securities wieder rein ins Stadion und kurz nach Zusammenrollen des Teppiches in wirklich allerletzter Sekunde wieder angekommen. Ich habe an diesem Tag verstanden, dass es Wunder gibt.

Soweit, so gut. Einer der Drinks im Backstage war allerdings schlecht und schon in der Bahn ins Hotel war mir komisch. Am kommenden Morgen hatte ich meine seit zwanzig Jahren im Öffentlich-Rechtlichen leider immer knallhart live ausgestrahlte Wissenssendung. Dazu habe ich eine sauteure App (ja, selbst bezahlt, who cares) auf dem Handy, und genau dieses Handy rettete jetzt die Live-Sendung. Mir war zum Sendetermin immer noch so schlecht, dass ich schon ein paarmal „gebrochen“ hatte, und das hört sich im Radio immer schlecht an. Ines schaffte es, das zum Glück winzige Handy-Mikrofon mit ihrem Daumen so abzudichten, dass immer dann, wenn Brechgeräusche dasselbe erreicht hätten, nichts zu hören war. Das war hilfreich, denn die App sendet natürlich auch dann, wenn ich nicht mit Reden dran bin, auf das Mischpult und in den Schaltraum des Senders. Teamwork hat hier einen hörbar schöneren Tag bewirkt.

Der allergrößte Nervenkitzel besteht für meine Frau und mich aber darin, keine sogenannten „privaten“ Fotos auf die Bühnenleinwand meiner Vorträge zu zaubern. Da ich den Rechner ständig benutze, und da sich beim Anschluss an den Bild-Ausgang der Bildschirm mal aufteilt, mal den gesamten Desktop-Inhalt an den Beamer sendet, mal schwarz wird oder sonst irgendetwas macht (irgendwas macht er immer, nur was …), nehme ich die Launen meines Rechners hin und bin daher mittlerweile etwas nachlässig.

Bei zwei Vorträgen kam es nun, wie es kommen mussten: Bezaubernde Bilder meiner hübschen Lady, für niemandes Auge außer unserem gedacht, tauchten in größerer Menge aus der Foto-App in Übersichtsform auf der viele Meter breiten und langen Leinwand auf der Bühne auf. Beim ersten Mal habe ich – hoffentlich – so schnell die App geschlossen, dass die Bilder bestenfalls ins Unbewusste der Zuschauer:innen drangen.

Beim zweiten Mal war es anders. Ich sprach auf einem Vampyr-Kongress. Die Zuschauer:innen waren allesamt Menschen, die es für möglich halten, vampirische Eigenschaften zu besitzen. Die Leinwand war etwas kleiner, aber dafür auch viel näher an den aufmerksamen Gästen. Erneut poppten die privaten Fotos auf den Beamer, und diesmal zog ich das Fenster mit den Fotos von der Leinwand blitzartig auf den Desktop. Aber gesehen haben müssen alle die Bilder. Jetzt das Seltsame: Niemand, absolut niemand zuckte mit der Wimper – nicht die geringste Reaktion. Auf der Bühne entwickelt man ja so eine Art Gespür für die Stimmung der Zuschauer:innen-Menge: Lachen, Unruhe, Scharren, Spannung ... doch hier: nichts. Ines und ich wissen bis heute nicht, ob die Vampyrchen es einfach normal, egal oder sonstwie unbemerkenswert finden, derartige Fotos auf einer Vortragsleinwand zu sehen. Sie sind hart im Nehmen, und vielleicht haben sie einfach schon Interessanteres und Ungewöhnlicheres gesehen als unsere Nacktbilder. Falls wir jemals mehr erfahren, lasse ich es Euch wissen.

Daniel Dittus

FOTOGRAF

Ich war mal abends in der Elbphilharmonie für ein Konzert als Fotograf gebucht, musste aber ultraspontan schon mittags zur Probe antanzen, damit mich der Dirigent kennenlernen konnte. Darauf hatte er bei seiner Agentin bestanden, denn ein Unbekannter dürfe keine Fotos von ihm machen. Vor der Probe hatte er keine Zeit oder musste sich konzentrieren oder so. Ich wartete dann also noch die zweistündige Probe ab und kam auch dann noch nicht sofort an ihn heran, weil er noch mit massig Leuten reden und sonstwas machen musste. Endlich war es dann soweit, der Pressemensch stellte mich ihm vor, er sagte: “Hi, nice to meet you!”, musterte mich 5 Sekunden, nickte, drehte sich um und ging.

Grindcore

CLAP YOUR HANDS

Élaine Tourette

GESANG & SYNTHIE (URSUS)

Als wir mit URSUS mal im Badehaus in Friedrichshain spielen sollten, hatten wir ab der ersten Sekunde, als wir aus dem Auto ausstiegen, einen Typen an der Backe, der uns sofort erzählte, dass er ja eigentlich aus dem Osten käme – und gerne Chrystal Meth konsumiere. Weil unsere Band mal wieder nicht auf den Ankündigungspostern vor Ort stand, wollte er uns „helfen" und schrieb mit einem Edding statt unseres Bandnamens einfach „Meth" zwischen die beiden anderen Bands auf die Plakate. Er hatte drei Tage nicht geschlafen. Wir haben ihn „Christian Meff" getauft. Doch die anfängliche Belustigung wich nach ein paar Stunden schierer Verzweiflung. Er wurde mit jeder Stunde immer irrer, zuckte sehr viel, seine Augenlider schienen nicht mehr zu blinzeln. Selbst wenn wir ihn nach Crystal fragen würden, würde er uns nix geben, weil Crystal einfach der Teufel sei. Aber er hätte sein Leben im Griff.

Mit und nach dem Konzert wurden wir immer besoffener und haben uns im Partyrausch in die Fantasie reingesteigert, wie Christian Meff uns heute Nacht noch abstechen wird. Wenn wir „Übergabe“ hatten und Christian Meff sich von einem Bandmitglied ans andere wanzte, haben wir uns gegenseitig upgedatet über die ganzen absurden Geschichten, die er uns erzählt hat, und waren ultra paranoid aufgepumpt auf den fantasierten Moment vorbereitet, wo er einen von uns angreifen wird. Als wir pennen gehen wollten, haben wir erfahren, dass wir uns mit Christian Meff ein Zimmer teilen. Über irgendwelche Ecken war er mit irgendjemandem hier verbandelt, der uns zusammen in eine Unterkunft gepackt hatte. Wir haben es geschafft, uns unbemerkt von der Party zu verpissen, und haben am Schlafort besoffene Pläne geschmiedet, wie wir uns verteidigen könnten, wenn Christian Meff ins Zimmer kommt, ein Buschmesser oder einen Ninja-Stern aus der Jacke zieht, um uns im Schlaf zu meucheln. Es gab nur ein Bett. Und einen Tisch auf dem eine riesige, abgebrochene Scherbe eines Spiegels lag, auf der verdächtiges Pulver gehackt wurde. Christian Meff war schon hier gewesen. Oh Gott.
Im Rausch haben wir uns so dermaßen gegenseitig irre gemacht, dass sich Fabio Caribio und der Käptn voll angezogen mit Schuhen und Bauchtaschen eng aneinander gekuschelt unter die Bettdecke legten, während ich in der Unterkunft ein anderes Zimmer mit Bett fand, das ich mit einem Stuhl unter der Türklinke von innen verbarrikadierte. Ob wir geschlafen haben, kann ich heute nicht mehr sagen. Christian Meff kam jedenfalls nicht mehr zurück. Die warme Berliner Frühsommernacht schien ihm ein sinnvollerer Ort zu sein als ein Zimmer mit drei Wahnsinnigen, die ohne Drogen Hunter-S.-Thompson-Filme schoben.

Gerd Schiffmeister

KONZERTVERANSTALTER

Es müsste ungefähr 2016 gewesen sein, als ich nach der Vermietung unseres Clubs für ein Metalkonzert die sogenannte „Abnahme“ machen musste, also Technikbestand und Getränke zählen sowie überprüfen, dass halbwegs vernünftig geputzt ist. Letzterer Punkt stellte sich als etwas komplizierter heraus, denn während des Metalkonzerts am Vorabend muss ein Konzertgast auf der Herrentoilette explodiert sein. Die Schüssel und insbesondere die Wand dahinter waren mit schwallartig aus einer zu kleinen Öffnung entwichener brauner Schlotze besprenkelt, der Geruch war unerträglich, es ging neben der üblichen Melange des Enddarms auch enorm ins Säuerliche. Ich erklärte den Veranstaltern des Vorabends, dass ich den Club so nicht an die nächsten Mieter übergeben könne und das geputzt werden müsse. Nach und nach gingen drei oder vier Musiker in das Klo, um sich das Ausmaß des Schadens anzusehen und Teile davon zu entfernen, bevor der Brechreiz zu übel wurde. Auch ein Mitglied der angereisten kanadischen Headliner versuchte, sich an der Aktion zu beteiligen, kehrte aber lachend aus den gekachelten Räumen zurück und konstatierte: „It looks like a picture by Jackson Pollock in there!“ – irgendwann haben sie es geschafft, die sichtbaren Spuren zu entfernen und ich ließ sie ziehen. Der Geruch hingegen hat mich so sehr verstört, dass ich die besagte Toilettenkabine seitdem nicht mehr besuchen kann.

Oli

MUSIKER (STADTLICHTERS)

Sommer 2003. Mit zarten 18 Jahren und voller Optimismus fahren wir auf eine Einladung hin zu einer Jam ins OBW9 (altes autonomes Jugendhaus Stuttgart-Degerloch), bei der drei Punkbands und drei Hiphop-Bands auftreten sollen. Zu diesem Zeitpunkt wissen wir noch nicht, dass wir die einzigen Hiphopper bleiben sollten. Nach der Ankunft trinken wir in geselliger Runde den ersten Kasten Oettinger Pils. Die Stimmung kippt erst während unseres Auftritts: „Locke“, mit dem wir mittags noch fröhlich tranken, dreht uns dreimal den Strom ab und kommentiert unser Repertoire mit: „Was für eine Scheiße“, woraufhin eine Schlägerei mit ihm und einem der Veranstalter in der ersten Reihe folgt und der Auftritt beendet werden muss. Letztlich gab es zwar kein Spritgeld, aber immerhin 12 Euro für jede Band aus dem Hut und Oettinger auf die Hand. Unser nächster Auftritt dort sollte erst nach der Renovierung und Übernahme der Stadt nach einigen Jahren folgen.

Elt

GITARRIST (SLIME)

Meine erste (und einzige) Pyroshow: Anfang der 80er spielten wir in irgendeinem JUZ in Braunschweig, wenn ich mich richtig erinnere. Naiv, wie man mit der Technik damals umging, spielte ich über eine Gitarrenbox der Vorband, ohne zu checken, wie viel Ohm/Widerstand das Teil hat. Sollte man bei einem Marshall Röhrenamp, welcher mein erster war, aber machen. Wenn das nicht passt, kann Folgendes passieren: Nach vier oder fünf Songs ging das Teil in Flammen auf, hat richtig Feuer gefangen, weil der Trafo durchgebrannt ist. Den gesamten Rest der Show haben wir dann mit einer Gitarre und zwei Sängern durchgezogen.

Sebastian23

POETRY SLAMMER & VERANSTALTER

In Freiburg hat mal ein Mann im Vorfeld gefragt, ob er mit einer Totenkopf-Maske auftreten kann, was ich aus purer Neugier erlaubte. Er zog dann die Maske auf der Bühne ab und sagte:

„Ich bin seit drei Jahren total verliebt."

(APPLAUS)

„Die Frau weiß aber nichts davon."

(ENTSETZEN)

„Das wollte ich nur mal sagen. Und jetzt gehe ich ins CRASH zum Saufen, bevor ich zurück in die Klinik muss."

(ANGST)

Dann stürmte er hinfort …

Corinne Steudler

SCHAUSPIELERIN

Deep Dive into Rindenmulch: Das Bühnenbild einer Inszenierung von Goethes „Wahlverwandtschaften", in der ich die Ottilie spiele, sieht vor, den gesamten Boden mit befeuchtetem Rindenmulch zu bedecken. Einmal hatte man es übertrieben, der Rindenmulch wurde zu Matsch. Da ich als von Wahnvorstellungen getriebene Ottilie anderthalb Stunden lang über die Bühne wirble, fiel ich diesmal wegen des schmierigen Geläufs mehrfach auf die Schnauze und sah in meinem ursprünglich weißen Kleid bald aus wie frisch in die Kläranlage gestürzt. Später in der Kneipe, wo ich dann natürlich geduscht saß, setzte sich ein Theatergast zu uns und lobte meine Kollegen und das Stück.
Zu mir sagte er: „Waren Sie vorhin auch im Theater? Wie hat es Ihnen gefallen?"

Lara Stoll

KARABETTISTIN

Auftritt zum Firmenjubiläum eines Gemüselieferanten in einem gigantischen Kühlhaus, irgendwo in der Pampa. Die Mehrheit der Angestellten hat zu meinem Bedauern kein Deutsch verstanden, es wurde unentwegt laut geredet, hin und wieder wurde mir etwas zu gerufen. Die sprachliche Barriere war leider auch für mich zu gross, so habe ich von den unzähligen Zurufen lediglich “abstellen” und “Schlampe” verstanden. Der Chef der Firma war sichtlich enttäuscht davon, dass ich nicht so gut ankam wie gewünscht. Ich wiederum war sichtlich enttäuscht, dass ich nach einer kurzen Pause noch einen zweiten Teil bestreiten musste. Ich stellte mir vor, wie ich dem Fail-Booker das Geld in den After stopfte und nach Verlassen des Kühlraums die Tür verriegelte.

Jan van Weyde

STAND-UP-COMEDIAN
& SCHAUSPIELER

Ich war eingeladen, beim Oktoberfest in Schwadenholm (Name geändert) 20 Minuten Stand-up-Comedy zu spielen. Gegen 22 Uhr. In einem riesigen Bierzelt. Es roch nach Bier, Pisse und Erbrochenem. Veranstalterin: betrunken. Techniker: betrunken. Publikum: kaum noch vorhanden, aber die, die da waren, klar, betrunken und auf der anderen Seite des Zeltes, an der Biertheke. Ich mühte mich erst ab, so etwas Ähnliches wie Comedy zu spielen, die Veranstalterin stand neben der Bühne und feuerte mich mit seltsamen Gesten an, als würde ich ein Wettrennen laufen oder so. Was ich im Grunde ja tatsächlich tat: Gegen die Zeit, denn mir war klar: Sobald der Timer in meiner Hosentasche vibriert und die zwanzig Minuten rum sind, bin ich hier weg. Nach ein paar Gags, ohne dass irgendwer auch nur ansatzweise reagiert hätte, kam ein stark alkoholisierter junger Zuschauer zu mir, kletterte auf die Bühne, nahm mir das Mikrofon aus der Hand und grölte irgendwas. Weil ich nicht wusste, was ich sonst tun sollte, interviewte ich ihn dann: „Wer bist du denn?" – „STEFAAAAN." – „Du hast ja eine ganz schöne Fahne. Wie alt bist du denn?" – „FUUFFFZEEEEEHN." Daraufhin fühlten sich dann weitere Halbstarke animiert, auch mal was ins Mikrofon zu brüllen. Endlich war was los vor der Bühne. „Und, wer bist du?" – „ALEX. ICH WILL AUCH MAL WAS SAGEN." – „Ja, mach." – „ADOLF HITLER". Die ersten Lacher des Abends. Alles klar, so feiert man also hier in Schwadenholm. Ein paar empörte erwachsene Zuschauer sahen erstmals zur Bühne, schüttelten demonstrativ den Kopf. Ich deutete zum DJ, der mit auf der Bühne war, er solle doch einfach irgendwelche Ballermann-Musik spielen. So kam es dann auch und, was soll ich sagen, letztlich habe ich dann mein Geld damit verdient, Arm in Arm mit Funkemariechen auf der Bühne rumzuhopsen und zwischendurch irgendwas in mein Mikrofon zu brüllen. Der Timer in meiner Hose brummte, zwanzig Minuten rum, ich ging von der Bühne und erwartete, von der Veranstalterin einen heftigen

Einlauf zu bekommen, schließlich hatte ich so gut wie keine Stand-up-Comedy geboten, sondern hauptsächlich als eine Art Mallorca-Animateur fungiert. Doch sie sagte: „Das war ja super, mega, wie du die Leute im Griff hattest! Nächstes Jahr nochmal!“ Da hatte ich dann aber leider keine Zeit.

Sarah Jung

BOOKERIN DES KULTURZENTRUMS PELMKE

Ich buchte eine Band aus den USA, die eine Deutschlandtour gemacht haben. Den Tag vor Hagen haben sie in Hamburg gespielt. Wir hatten mit der Agentur ausgemacht, dass sie um 16 Uhr zum Soundcheck anreisen sollen. Es wurde 17.00 Uhr, 17.30 Uhr ... Da rief die Agentur an und teilte mir mit: „Die Band ist auf dem Weg von Hamburg nach Hagen in eine Polizeikontrolle bei Hildesheim geraten und es hat sich rausgestellt: KEINE der acht Personen im Tourbus ist ansatzweise fahrtauglich und die Polizei hat sie festgesetzt“ – Sie hatten es die Nacht davor in Hamburg wohl doch etwas zu sehr krachen lassen. Wir mussten das Konzert dann zwei Stunden vor Showbeginn „aus gesundheitlichen Gründen“ absagen.

Alex Stinson

SCHLAGZEUGER (U. A. BEI SUNDAY SCHOOL, WIZO)

Die ganze Band war betrunken, das Konzert lief optimal. Plötzlich fiel Gitarrist Matze rückwärts in mein Schlagzeug und ersetzte meine Snare mit seinem Kopf. Ich fand das alles witzig, war aber auch wütend, weshalb ich den Song zu Ende spielte. Auf seinem Kopf. Am nächsten Tag hatte er ein blaues Auge und keine Erinnerung mehr an den Abend.

Daniel Decker

MUSIKER

Als Ein-Mann-Band war ich stets mit kleinem Gepäck unterwegs und hab alles im Alleingang gemacht. Booking auch. Angekommen in der Stadt, in der ich spielen sollte, lächelte ich mich tatsächlich selbst von Plakaten an. Wow! Die haben sich ja Mühe gegeben und von den geschickten Dingern nicht nur das obligatorische Teil im eigenen Laden aufgehängt! Auch der Empfang war herzlich. Ungefragt wurden ein großes Bier und was zu Essen hingestellt. Klasse! Gut plakatiert, schöner Laden, nette Leute, dann kann es ja losgehen.
Kurz noch vor dem Auftritt frischmachen. Auch auf dem Weg zur Toilette hingen die Plakate ... nur ... da war gar kein Datum drauf. Auch kein Ort. Der Platz, wo das hätte stehen sollen, war unangetastet. Ich fragte erschrocken den Besitzer. Also normalerweise würde das ja auf den Plakaten, die er geschickt bekäme, draufstehen! „Wie? Also auch die, die draußen hängen, sind unbeschriftet?" – „Ja ..." Es kamen dann letztendlich vielleicht fünf Gäste. Für eine Ein-Mann-Band ist die Regel, dass immer gespielt wird, solange mehr vor der Bühne sind als auf der Bühne, irgendwie ungünstig. Aber ich gab alles, packte nach dem Gig meine Sachen und trank noch ein letztes Bierchen. Klar, Gema-Zettel ausfüllen. Muss halt sein. Aber was war das? Eine Rechnung für alle Getränke und das Essen. Natürlich war vorher nie die Rede davon, dass Getränke und das angebotene Essen bezahlt werden müssen. Missmutig und konfliktscheu bot ich an, das mit den Eintrittsgeldern zu verrechnen. „Achja, weil es so wenig waren, haben wir auch gar keinen Eintritt genommen." Wir einigten uns letztlich darauf, das Ganze mit den unbeschrifteten Plakaten zu verrechnen und nie wieder unsere Wege zu kreuzen. Und tatsächlich beschriftete ich von da an alle Plakate vorm Verschicken selbst.

Sven Rosenkötter

MITGLIED DER BAND ROSI

Auch nett: Punk im Pott mit Contra D, Sänger liest die Texte in der Hand haltend von Zetteln ab, für jeden Song ein DIN-A4-Blatt. Beim Soundcheck nichts gerafft, Anweisung kommt aus dem Monitor, nichts passiert, ich sag ey, spiel du ma was, brüll du mal rein, dann „Konzert", jede Menge Feedback, den Amp hab ich mir geliehen von der Band davor, Typ verkannte Metalband, die Powerchordpunk macht. Der Typ stand an der Seite, schaute mich flehend an und schüttelte durchgängig den Kopf, und nicht weil der bangen wollte. Sänger brüllt Texte wie „Du willst Sex mit Kommissar Rex", Aldi an den Drums vollbesoffen, fällt zwischendrin immer wieder um und pinkelt beim Spielen in die Bassdrum, Bassist war ein Punk von der Strasse, ca. 15, hatte zum dritten Mal den Bass in der Hand. Das Publikum, volle Turbinenhalle in Oberhausen, ca 2.500 Leute buhen sich die Seele aus dem Leib, während vorne zwei Reihen Todespogo machen. Wir gehen von der Bühne und halten uns für die absolut Geilsten und einzig wahren echten Punks an dem Abend.

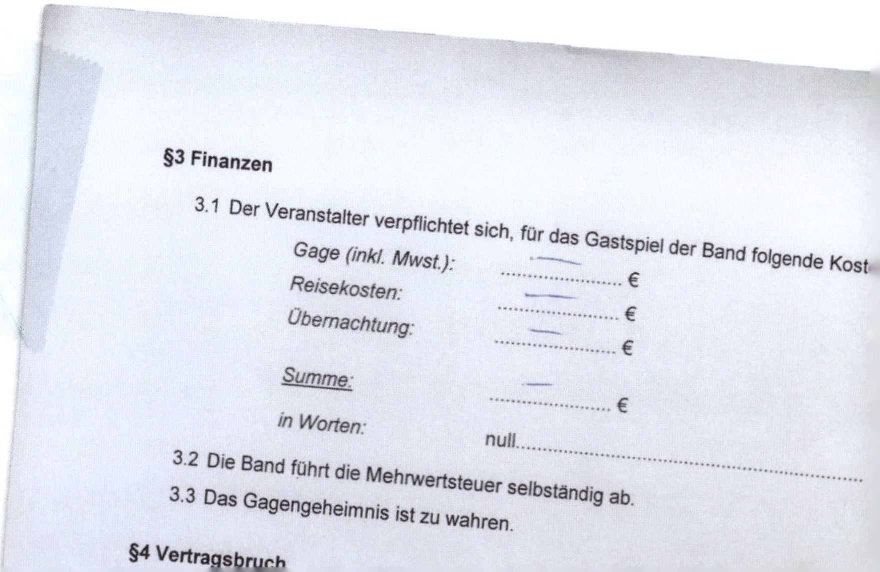
§3 Finanzen

3.1 Der Veranstalter verpflichtet sich, für das Gastspiel der Band folgende Kost

Gage (inkl. Mwst.): — .... €

Reisekosten: — .... €

Übernachtung: — .... €

Summe: — .... €

in Worten: null..........................

3.2 Die Band führt die Mehrwertsteuer selbständig ab.

3.3 Das Gagengeheimnis ist zu wahren.

§4 Vertragsbruch

Carlos Andres

MUSIKER

Afterparty, nach einem top Gig im Subversiv, im Koma-F der Köpi mit vielen sympathischen Punx artet plötzlich aus: Unser Bassist GG Ollin dreht nach einer langen Fahrt von 400 km als Fahrer nach unendlich viel Bier, Schnaps, Weed und Speed und einer lautstarken Party durch, setzt sich völlig dicht ins Auto und fährt mit Vollgas raus in die Berliner Nacht und ist verschollen. Am nächsten Tag finden wir GG Ollin zufällig auf der anderen Straßenseite irgendwo in Kreuzberg wieder. Das Auto ist mit Totalschaden quer vorm Trinkteufel auf dem Bürgersteig geparkt und es fehlen beide Außenspiegel, alle Regenbogenfarben sind durch unzählige Unfälle mit anderen Autos gesprenkelt und es ist einfach alles verbeult, was möglich ist. GG Ollin wurde irgendwo von der Polizei aufgegriffen und über Nacht in Gewahrsam genommen und am nächsten Tag von seinen erbosten Eltern abgeholt, während wir alleine mit dem Wochenendticket 9 Stunden zurück gebummelt sind und abends noch ein Konzert im Ostbunker Osnabrück gegeben haben ... ohne GG Ollin.

KARSTEN LAMPE

Jaromir Konecny

POETRY SLAMMER

Bei einem Poetry Slam in Berlin habe ich aus dem Kopf meine Geschichte „Die unerträgliche Last, einen Akzent zu haben“ vorgetragen. Plötzlich bekam ich einen Blackout. Den Text hatte ich selbstverständlich nicht dabei. Ich stand da und starrte ins Publikum. Wusste nicht, wie der Text weiterging. So stand ich nur da. Alle starrten mir entgegen. Stille. Der Raum klein, aber prallvoll. Und da rief mir eine Frau vom Büchertisch in der Ecke des Raums das nächste Wort meines Textes zu, und ich ratterte den Text weiter. Sie hatte die Geschichte in meinem Buch mitgelesen, während ich sie performte.
Den Slam habe ich gewonnen, doch jeder dachte danach, dass ich das inszeniert habe, dass ich mit der Frau verabredet war.

Matthias Baumunk

PROJEKTMANAGEMENT

„Wann kapieren diese verdammten Spaniokel eigentlich, dass es für Kokain keine Quittung gibt!?", rief jemand mit Nachdruck durch die schönste Event-Halle Barcelonas, während die Vorstandschefs eines großen Mobilfunkkonzerns eine Begehung durchführten.

Lisa Feller

STAND-UP-COMEDY

Nach meiner Soloshow verkaufe ich mein Buch, schreibe Autogramme. Ich bemerke einen aufgeregten Herrn, der unbedingt als Letzter drankommen möchte, denn er muss mir etwas sagen: „Ich finde sie nicht nur lustig, sondern auch sehr sexy. (Sexy mit weichem S) Und ich hab gerade noch zu meinem Freund gesagt: Auf dünne Frauen stehe ich eh nicht." Äh … danke.

Clemens Frey

BASSIST (DOGGOD)

No Man's Land – so hieß der Club, in dem wir unsere Minitour durch Frankreich starteten, und der Name war Programm. Für Abendkasse und 24 französische Biere (0,2 l) spielten wir also mit einer befreundeten Band dort auf. Die Biere waren nach einer Stunde genauso leer wie der Laden. Nachdem die andere Band schon vor zwei gelangweilten Bardamen gespielt und aus Frust 40 Euro für eine Flasche Pastis gezahlt hatte, waren wir dran und nach drei Liedern kam er – der einzige zahlende Gast des Abends, der sich im hintersten Winkel des Clubs versteckte. Bei unserem vorletzten Lied kam der Veranstalter wieder in den Laden und beschmierte den Bühnenrand mit Brennpaste, zündete sie an und tanzte alleine zu unserem letzten Lied.

Gavin Karlmeier

"MUSIKER" & AUTOR

Irgendwann, Ende der 00er-Jahre: Ich „sang" in einer „Band". Wir machten „Musik". Unsere Gruppe hatte den Ruf, zu verlieren - vor allem Achtung. Autonomes Zentrum Mülheim/Ruhr. Eine Lokalität mit der Eigenschaft, ausnahmslos jeden Quadratmeter Boden der Nutzfläche mit klebrigem Undefinierbaren auszustatten. Ein Ort, in dem exakt genau so viele Jugenden begannen wie endeten. Und eventuell der einzige Ort Deutschlands, in dem Hansa Pils bis heute nur 1 € kostet. Es gehört natürlich zum guten Ton, nicht das ebenfalls auf der Karte stehende, aber mit 1,50 € massiv überteuerte, Beck's zu kaufen. Statt um 22 Uhr spielten wir erst um 2 Uhr - was bedeutet: acht Stunden Zeit für die Band für Hansa (s. o.). Schon während des Soundchecks fragte unser Bassist über die Mikrofone in den quasi menschenleeren Saal: „Wo ist der Arsch, der mich hier verkabeln soll?", während der Tonmann gerade dabei war, seinen Bassverstärker zu verkabeln. Der Gitarrist spielte das gesamte Konzert mit dem Kopf an die Wand gelehnt, damit ihm sein alkohol-induzierter Schwindel nicht das Stehen verunmöglichte. Ich konnte keinen Text mehr, was nicht schlimm war, denn: Während des dritten Songs fing der einzige Mensch im Publikum lauthals an, seinen Lieblingssong der lokalen „Lokalmatadore" zu singen: „Pillemann, Fotze, Arsch". Zum Glück hat er es nicht bis zum Ende unseres (oder seines) Songs durchgehalten, da ihm leider sein Erbrochenes dazwischen kam. Wer sich also immer noch fragt, wieso der Boden im AZ Mülheim klebt: Wir waren es nicht, aber wir waren dabei.

Aylin Celik

AUTORIN & MUSIKERIN

Bei einer Veranstaltung in einem Hörsaal der Uni Göttingen, kam eine Frau, kurz bevor ich einen Text las, verspätet in die Veranstaltungen. Als ich anfing, meinen Text vorzutragen, holte sie eine Papaya und eine Snackbox aus ihrer Tasche und fing an, die Papaya zu schneiden. Währenddessen rief sie Kommentare in meinen Text rein, fragte laut ins Publikum, ob jemand Snacks will und fuchtelte mit den Knabbereien rum. Während ich versuchte, sie einfach zu ignorieren und den Text weiter vorzutragen, fing sie an, Erdnüsschen aus ihrer Snackbox durch die Gegend zu werfen und “Warum?” zu rufen. Ich habe bis heute so viele Fragen. Wer war sie? Was wollte sie? Und wieso isst man Papayas generell?

Marie Rauschen

SINGER-SONGWRITERIN

Im Februar 2016 erhielt ich eines Freitagabends eine spontane Anfrage per Mail, ob ich am nächsten Tag als Support für eine Band aus München spielen könnte. Ich sagte zu. Am Samstag in der Location angekommen, wurde ich nett und herzlich vom Team empfangen.
So langsam wurde es später, ich und das Publikum waren bereit. Ich stieg auf die Bühne und sah dort vor mir jede Menge Menschen, die jedoch nicht so aussahen, als wollten sie deutschen melancholischen Indie Pop hören. Hätte ich mich mal erkundigt, hätte ich gewusst, dass es sich bei der Band für die sie gekommen waren, um eine Electropunk-Band handelte.
So stand ich nun dort. Alleine, mit meiner Gitarre und einem Mikrofon inmitten von Menschen, die Bock hatten auf tanzen, pogen und ausrasten. Der Redewendung „Fehl am Platz" habe ich mich bis dahin und seitdem nie mehr so würdig gefühlt. Mein Programm habe ich im wahrsten Sinne des Wortes „durchgezogen". Ich vermute mal, dass meine Fluchtfantasien spürbar waren und ich die Bühne daher mit unerwartetem wertschätzenden Applaus verlassen durfte.

LEXAART

The Polaroid Project 07.07.-23
ermäßigt / Concessions

SASCHA DOERP

Gabriel Vetter

KABARETTIST

Bei der Poetry-Slam-Meisterschaft 2004 nach meiner Vorrunde spät nachts gab's kein freies Bett mehr im Hostel-Zimmer. Ich habe mich dann, betrunken wie ich war, in eine große Sporttasche hinein auf den Boden gebettet und ein bisschen geschlafen. Um halb sechs Uhr bin ich aus der Sporttasche aufgestanden, hinaus ins morgendliche Stuttgart, habe mich in die nächste U-Bahn gesetzt und habe etwa sechs volle U-Bahn-Runden durchgepennt. Dann bin ich irgendwo ausgestiegen, habe auf einem Friedhof einen Grabstein mit der schönen Aufschrift "Hier ruht Ruth Halderer, geborene Wurst" gesehen, bin zum Hostel gelaufen, hab was gegessen und am Abend die Meisterschaften gewonnen.

Stefanie Schrank

MUSIKERIN (KARPATENHUND, LOCAS IN LOVE)

Hessentag in Butzbach, 2007. In einem großen glanzlosen Zelt treten wir mit Karpatenhund vor den finnischen Schmuserockern Sunrise Avenue auf. Außerdem gibt es einen exzessiv blinkenden Jahrmarkt, Polizisten auf Segways und eine Rekrutierungssause der Bundeswehr, um diesen Ehrentag zu feiern. Beim Aufbau frage ich nach einem Speakon-Kabel für meinen Verstärker, meines kam wohl unterwegs abhanden: „Kann ich von euch vielleicht ein Speakon-Kabel haben?" Der Tontechniker (klassische Ausführung in schwarzer Kleidung, hinten schütteres Zöpfchen, oben Glatze, Stabtaschenlampe und ähnliche Geräte am Gürtel) äfft mich piepsig nach: „Kann ich von euch vielleicht ein Speaokon-Kabel haben?" Ich sehe ihn überrascht an. Er piepst weiter, scheinbar klingen Frauenstimmen in seinen Ohren so. „Was willst du haben, Mädel?" Ich gebe auf und flüchte zu meiner Posse. Der freundliche Radiopromoter, der uns von der Plattenfirma für die Reise zur Seite gestellt wurde, bedauert das Geschehnis, gibt aber auch zu bedenken: Er (der Tontechniker) ist nunmal der Beste in seinem field! Highlight am nächsten Morgen dann im Hotel: Der größere von den Wildecker Herzbuben ist auch am Frühstücksbüffet und wir beobachten, wie Teller um Teller Rührei für ihn aus der Küche herbeigetragen wird. Er hat richtig Eiappetit.

Moritz Kehle

MUSIKER (HYSTERESE)

Cleveland. Der Sänger der Boston-HC-Band, die nach uns spielt, fällt einen Tänzer mit einem wilden Schwinger, weil ihm sein Drogenpogo auf den Sack geht. Der donnert rückwärts auf eine Eisenschweller, sein Schädelfleisch platzt auf, alles voller Blut. Seine Schwester fängt an, frenetisch zu kreischen, schnappt einen Wackerstein und rennt auf den Parkplatz, um den Van der Band zu entglasen. Es stellt sich unterdessen raus, dass der besoffene Riesenmann, der den ganzen Abend guttural gebrüllt hat, der Vater der beiden ist. Er packt seinen Sohnemann über die Schulter und fährt mit ihm weg. Unser Fahrer steht schützend vor unserem RAM, als die Bostoner im Soldatenmodus ohne Scheibe vom Hof düsen.

Simon Pearce

STAND-UP-COMEDIAN

Ich hab im Lustspielhaus in München mein Soloprogramm gespielt und in der Pause gemerkt: Irgendwas ist komisch. Dachte aber, das wäre nur die Steinpilzsauce vom Catering gewesen. Bin also wieder raus auf die Bühne und hatte da dann schon das Gefühl: Hier passiert was. Kaltschweiß auf der Oberlippe, ich muss auch relativ blass ausgesehen haben, was bei mir ja selten vorkommt. Kotze kam hoch: Norovirus. Und der kündigt sich ja auch nicht tagelang an, sondern ist einfach da. Von da an hieß es: Arschloch zusammenkneifen, während des Sprechens musste ich die Kotze unten halten, dann irgendwann ging es nicht mehr und ich hab zum Publikum mit letzter Kraft gesagt: Sorry, geht nicht mehr, ich muss weg. Bin von der Bühne gerannt, noch auf der Treppe ging es dann los. Doch der Techniker dachte wohl, das gehöre noch irgendwie zur Nummer und hat das Mikrofon nicht ausgeschaltet, so dass das ganze Publikum wohl noch mitbekommen hat, was da dann noch so passiert ist auf dem Klo. Zwanzig Minuten später bin ich dann auch nochmal raus, Teile des Publikums saßen da dann auch immer noch, warum auch immer. Eigentlich wollte ich mich da nur noch entschuldigen, schließlich war das das Unangenehmste, was mir jemals passiert ist. Und ich bin schon mal beim Masturbieren erwischt worden. Von meiner Schulklasse. In den Klamotten meiner Mutter. Hab ich so als Gag erzählt, kam super an, ich hab dann das Solo tatsächlich noch zu Ende gespielt. Bis es pünktlich zur Zugabe wieder losging. Und da war dann wirklich endgültig Ende.

45055
tore Gig Series
ol. 20
ue Smaldo
Weisman
a Irons
21.01.2012 - Cafe Gegendruck, Fischergasse 2, Heidelberg
Adam Bennett
(Acoustic-Punk UK)
your hands twice
Show der Tübinger Punkrocker)
Mount
DIY-FA

PAUSE

TWYTTERFESTIV@L
KW 27 - SAMSTAG - 18:30 - BLAUER ENGEL - KREFELD
DIE SHOW VON UND FÜR USER*INNEN
FAV VOR DRUKO!
UFF
COMEDY WG
Voll geil, Alter!
MUSIKVERANSTALTUNG
Punkrock aus Bad Nenn
AUTOBOT
Songwriter-Legende
aus Tübingen
29. 03. 2008

FESTIVAL
in a
nutshell
VON LEA SCHUMM
alias @leart_alert
FLUNKYBALL
LOOS
LEER
TRINK
SCHNELLER!
MOGLI!
LAAUF!!
AAAH!
LAGERFEUER
PARTYY
GEILES
FOTO
NEUE FREUNDE
HI! ICH BIN JESUS.
DER ECHTE.
OK
KONZERTE?
SHIT.
WIR HABEN
ALT-J VERPASST
DAMN.

AALINGER

WORTHALL

MIRIAM WURSTER

MICHAEL WILD

MAXIM SEEHAGEN

RENE AMTHOR

MELANIE GYWER

BANDCONTEST IN ESLARN
VON UND MIT JULIAN REICHEL
WO ZUR HÖLLE IST DENN BITTE ESLARN?!
NUR KAFFEE UND KIPPEN.
SOWEIT WEG, DASS WIR UM 11 UHR LOSFAHREN MUSSTEN, UM RECHTZEITIG BIS 15 UHR DA ZU SEIN. SOUND CHECK IS UM 4. HABT IHR WAS GEFRÜHSTÜCKT?
BANDCONTEST ESLARN
BOAH IS DAS ALLES ÜBERDIMENSIONIERT
JO, WIRD WIEDER LEER VOR DER BÜHNE
OK IHR PENNER, SCHÖN DASS IHR VIEL ZU FRÜH GEKOMMEN SEID! HIER DIE REGELN FÜR HEUT: SOUNDCHECK GIBTS NICHT. LINECHECK IS 2 MINUTEN VOR STAGETIME. IHR FANGT PÜNKTLICH AN. MIT DEM CATERING ISSES WIE MITM SOUNDCHECK UND BIER GIBTS ERST NACH DEM GIG, DENN DAS IST ROCK N ROLL. ACHSO... JETZT ISSES HALB 4 FRÜHESTENS UM 7 GEHTS LOS. VIEL SPAß
Rock 'n' Roll
DER SPINNT WOHL! KEIN BIER VOR DEM GIG? LOS DENIS WIR FAHREN ZUM REWE
10 MINUTEN SPÄTER
REWE
LECKER DOSEWURST 1kg 0,99
BIER
UND DAS IST DIE GESCHICHTE VON DER ZEIT IN DER MAN NOCH AUF PARKPLÄTZEN IN DER ÖFFENTLICHKEIT TRINKEN KONNTE.

2. HÄLFTE

PAUL BOKOWSKI 130 – NIK SALSFLAUSEN 164
JOYBOY 165 – BENJAMIN S. 156 – JAN HECK 147
PE KRIEGER 165 - PAUL SIES 144 – MEIKE 146
SVEN ROSENKÖTTER 171 – SEBASTIAN 23 131
JAKOB AMR 139 – WALDO KARPENKIEL 181/199
ULLI POTOFSKI 146 – PATRICK SALMEN 140
RENATO KAISER 157 – HORST HANSEN TRIO 143
DIRK BERNEMANN 170/217 – SIMON SLOMMA 124
TILMAN BIRR 152 – LENA JOHANNA HÖDL 147
FLORIAN ROSSBACH 174 – FRANK HÖRNER 180
JAN SCHMIDT 240 – DANIEL KNÖPFLER 182
ANDRE LUX 178 – JOHANNES FLOEHR 136/218
DOMINIK SIEGEL 151 – ELLA CARINA WERNER 175
ROLAND VAN OYSTERN 176 – PADDY KROETZ 126
ANDY RAMONE 126 – PETER URBAN 161
ERIK LEICHTER 181 – DIE 12 CELLISTEN DER
BERLINER PHILHARMONIKER 127 – JUICY GAY 176
OLLI BOCKMIST 184 – FRIEDEMANN WEISE 177
STEFAN REICHMANN 158 – CHRIS DER BERG 137
LULU HENN 130 – MICHAEL “GURKE” KAMMER 148
MARTIN WEBER 162 – MEIKE BOLTERSDORF 160
IVAN THIEME 169 – JOSEPH DECHANGEMAN 168

KILIAN MOHNS 185 – ACHIM LAUBER 220

LENA WATZLAWIK 139 – DANGER DAN 132

TAMARA 198 – ALICE BALDWIN 137 – MJ 215

JANA FUHRMANN 208 – FERDINAND FÜHRER 210

OILE LACHPANSEN 214 – ALEXANDER HESSE 228

HENNING KALLWEIT 216 – ROLF NOWACK 187

MATTHIAS BAUMUNK 237 – LISA FELLER 242

ALEX STINSON 210 – JOACHIM HILLER 186

MORITZ KEHLE 219 – MARTIN SEELIGER 212

BERNARD HOFFMEISTER 164 – ROBERT 204

ANDY STRAUSS 229 – TOBY HOFFMANN 230

SHAHAK SHAPIRA 200 – JASMIN SELL 199

SANDRA DA VINA 186 – CORNELIUS GEBERT 198

LUKAS DIESTEL 233 – LAURA LIETZMANN 150

SELINA SEEMANN 202 – LINUS VOLKMANN 232

KLAUS URBAN 234 – THOMAS TEGELHÜTTER 192

SELINA LIEBERT 228 – BERNI 236 – FATONI 221

MICHAEL SETZER 229 – BJÖRN MEYER 193

YVY POP 206 – MC SMOOK 196 – LISA WHO 211

DONNIE O’SULLIVAN 194 – NIKITA MILLER 238

FRED 236 – ARCHI “MC MOTHERFUCKER” ALERT 241

FLORIAN WINTELS 203 – BJÖRN HÖGSDAL 192

MICHAEL BRUNNER 166 – JÖRKK MECHENBIER 242

LAURA KARASEK 188 – GERD SCHIFFMEISTER 172

MARKUS MARIA JANSEN 243 – NUGGELE 202

Simon Slomma

MUSIKER

Verträumt fege ich die Bühne, auf der gestern noch Sarah Connor stand. Wir hatten extra für sie einen Paravent gebaut, wegen der vielen Kostümwechsel. Dann die Zwischenansage: „Hey Leute, ich hab heute keinen Bock mich umzuziehen, ich bin schwanger." Die Menge tobte, die Sidecrew schüttelte die Köpfe. Ich wische mir den Schweiß von der Stirn. Bevor ich von meiner „richtigen" Arbeit leben konnte, habe ich drei Sommer auf einem Festival in Bonn gearbeitet. Heute bin ich alleine auf dem Gelände und soll aufpassen, dass niemand irgendwas klaut oder kaputt macht. Sechs Stunden lang. Ich stelle mich an den Bühnenrand und halte den Besen hoch wie Freddy Mercury seinen ikonischen Mikroständer. „Hey Rheinaue, wie geht es euch? Habt ihr Bock?!" Zwei Wildenten fliegen davon. Mir ist langweilig.

Plötzlich kommt ein silberner Ferrari auf das Gelände gefahren. Hinter der Windschutzscheibe erkenne ich einen ebenfalls silbernen Herren. Lieber mal Präsenz zeigen. Ich gehe stage left ab und schreite der Luxuskarosse breitbeinig entgegen. Mit meinen Sicherheitsschuhen, der Engelbert-Strauß-Hose und dem Festival-Shirt, erkennt mich der Eindringling schon von weitem als Security und hebt beschwichtigend die Arme. Er käme in Frieden. Ich freue mich über die willkommene Abwechslung und deute auf das Kennzeichen. „KR, das ist doch Krefeld, richtig? Da habe ich letzte Woche gespielt." Der Mann nickt und fragt ob ich Musiker sei. Ich nicke und gebe die Frage zurück. Er nickt ebenfalls. Ich begutachte seinen Ferrari. „Was denn für Musik?"

Der Mann räuspert sich und sagt: „Kraftwerk." Ich runzle die Stirn. „Ähm, die Band Kraftwerk?" Der Mann nickt. „Also, Autobahn, das Model, Expo und so?" Er nickt wieder. Ich erröte. „Wow, das ist, also, mein Vater ist Riesenfan, immer wenn wir in den Urlaub gefahren sind haben wir das … äh, ja." Er lächelt milde und erklärt mir dann noch, dass er sich nur mal das Gelände anschauen möchte, weil man bald mal wieder in Bonn spielen wolle. Mit Großgeste weise ich auf die leere Wiese mit der riesigen Bühne hinter mir. „Klar, bitte, schauen Sie sich um." Kraftwerk hat dann woanders gespielt.

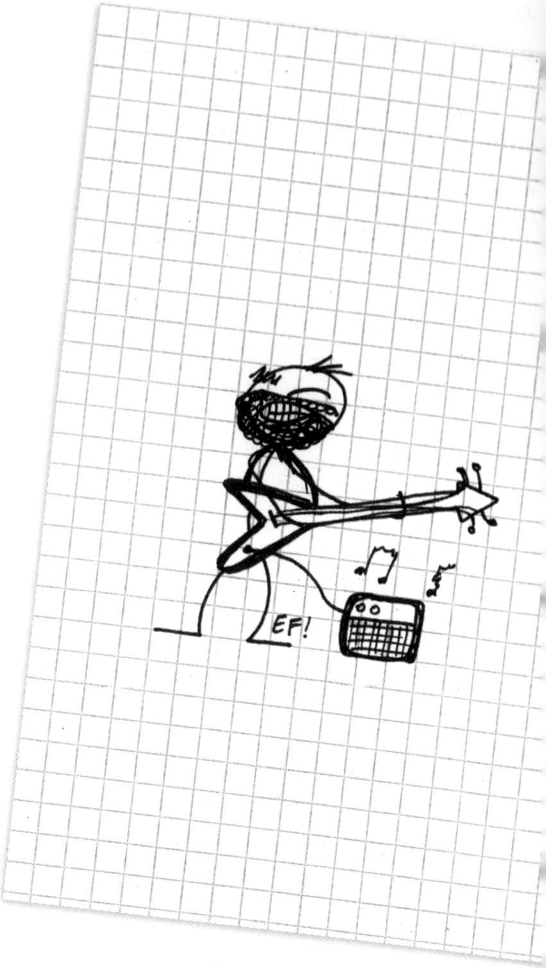

Paddy Kroetz

MODERATOR

19. April 2008. Kulturevent: Kölle putzmunter mit integrierter TOGGO-Tour. Der frühere Oberbürgermeister von Köln, Fritz Schramma, hat mit mir zusammen das Event auf der Bühne am Tanzbrunnen eröffnet. Besonders viel Humor hatte der werte Herr Schramma nicht im Gepäck. Es hat an dem Tag geregnet und er erschien in einem langen Mantel. Kurz vor dem Auftritt standen wir hinter der Bühne und ich wollte die Situation vor dem Interview etwas auflockern und meinte: "Aber Sie haben schon was drunter, Herr Schrammer?!" Stille. Der erhoffte Auflockerungseffekt blieb leider aus! Willkommen in meinem Leben. Wie oft bin ich schon an mangelndem Humor meiner Mitmenschen gescheitert.

Andy Ramone

DJ

Typ kommt zum DJ Pult und fragt, ob ich auch was von den Hosen spielen könnte. Hatte den ganzen Abend bisher eher unbekannte Punk-Bands aufgelegt und ihn dezent darauf hingewiesen, dass der Wunsch eher unpassend ist. Er daraufhin: "Ich blas dir auch einen!"

Die 12 Cellisten der Berliner Philharmoniker

Stets ist der Schrecken groß – auch bei den Zuhörern –, wenn einem konzertierenden Geiger oder Cellisten plötzlich die Saite reißt; die Aufführung muss abgebrochen, eine neue Saite aufgezogen, von neuem begonnen werden, und meistens ist die Stimmung – im doppelten Sinne des Wortes – dahin. Eine solche Panne ist unvermeidlich, und jeder ein Streichinstrument spielende Solist richtet sich darauf ein. Hingegen ist er in der Regel nicht darauf eingerichtet, dass er mit seinem Instrument zu Fall kommt und dieses hierbei schwer beschädigt wird. Ein solches Missgeschick ereilte die 12 Cellisten der Berliner Philharmoniker bei ihrem Konzert in der Passauer Studienkirche. Man befand sich in der Sakristei des Gotteshauses, spielte sich ein, letzte „Ölung" vor dem Auftreten, dann das Signal hierzu, und die „12" machten sich auf, um vor dem Publikum zu erscheinen. Da verfing sich der Stachel (die kleine Spitze am Ende des Instruments) eines Cellos in einer Rille des steinernen Bodens der Sakristei, der Cellist verlor das Gleichgewicht, stürzte über sein Instrument, auch von Ferne vernahm das Publikum einen dumpfen Fall. Als man den Schaden besah, war, Gott sei es gedankt, ihm selbst nichts geschehen, aber sein wertvolles Instrument hatte schweren Schaden erlitten. Der Steg, das heißt die Holzleiste, über die die vier Saiten gespannt sind, war abgebrochen, lag mit den Saiten neben dem Instrument, das selbst ein großes Loch aufwies. Dieser „Fehltritt" hatte einen Schaden von schätzungsweise 100.000 DM am Cello verursacht, und was im Augenblick noch viel ärgerlicher war, das Konzert drohte, aufzufliegen. Denn keiner der „12" reist mit zwei Instrumenten. Schließlich ist es schon schwierig genug,

ein Violoncello im Auto, Zug oder Flugzeug zu verstauen. Entsetzen in der Sakristei, was tun? Zwölf ratlose Cellisten mit elf Instrumenten, der Konzertveranstalter genau so ratlos. Vom Passauer Orchester wusste man, dass es zur gleichen Zeit konzertierte.Kurz entschlossen trat einer von uns vor das Publikum. „Es ist etwas Furchtbares passiert“, so begann er; darauf angstvolles Schweigen in der Kirche, wo plötzliches Unheil, Furcht vor Gottesstrafe nicht selten zu den sonntäglichen Kanzelthemen gehören. War einer der Cellisten schwer erkrankt, Opfer eines Unfalls? – Großes Aufatmen, als er beruhigend mitteilte, dass niemand etwas zugestoßen sei, wohl aber ein Instrument durch einen „Sturz“ unspielbar geworden sei und man nun nicht weiter wisse. „Besitzt wohl“, so fragte er etwas verlegen, und wie es in einem Zeitungsbericht hieß, ‚mit belegter Stimme‘, „einer der verehrten Anwesenden ein Cello, das sich in einem einigermaßen guten Zustand befindet?“ – Zuerst langes Schweigen, aber dann meldete sich ein Zuhörer und rief mit lauter Stimme: „Ja, ich habe ein Cello, sogar ein recht gutes, ich wohne ganz in der Nähe, warten Sie fünf Minuten, dann bin ich zurück.“ Riesige Begeisterung bei den Zuhörern, nicht minder große bei uns. Alle warteten gespannt, und in der Tat kam der „Retter in der Not“, mit seinem Instrument in die Sakristei, wir nahmen es voller Dank entgegen, der Cellist versuchte schnell einige Bogenstriche, verschiedene Griffe … Das Konzert konnte beginnen und auch glücklich enden. Gottes Segen in der Studienkirche zu Passau.

PIERO MASZTALERZ

Paul Bokowski

AUTOR

Sololesung in Paderborn. Nach dem vierten Text ruft eine Frau aus dem hinteren Drittel der verwinkelten Location:

»Lesen Sie den Brottext!«

»Welchen Brottext?«, rufe ich zurück.

»Na, den mit dem Brot von gestern!«

»Geht nicht.«

»Wieso?«

»Der ist nicht von mir.«

»Doch!«

»Nein! Der Text ist von Horst Evers.«

»Macht nix. Ich hab das Buch dabei.«

Lulu Henn

SÄNGERIN

Bei einem Konzert fiel mir auf der Bühne ganz kurz, bevor es losging, auf, dass mein Hosenstall offenstand. Ich drehte mich vom Publikum weg, um diesen diskret zu schließen – allerdings mit der Hand, in welcher ich das bereits eingeschaltete Mikrofon hielt.
Ein wenig diskretes

zTZZZIPPP

schallte durch den Raum.

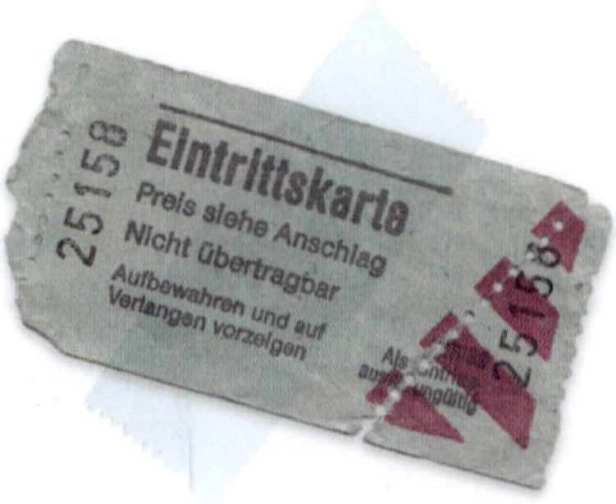

Sebastian 23

POETRY SLAMMER & VERANSTALTER

Workshop für Kreatives Schreiben. Wir hatten eine große Gruppe von Teilnehmern für einen beobachtenden Spaziergang geteilt, man lief mit seinen Teilnehmern durch die Fußgängerzone. Er zeigte, dass überall Geschichten gefunden werden können, die Entstehungsgeschichte dieses schiefen Kirchturms oder das seltsame Leben jenes Regenschirmhändlers. "Oder", sagte er, "ihr überlegt euch, was die Geschichte dieser Taube ist." Er zeigte auf eine Taube auf der Straße, 15 Kinder sahen den Vogel. Und alle Kinderkehlen schrien zugleich entsetzt auf. Denn in genau diesem Moment wurde die Taube überfahren.

DangeR Dan

RAPPER

Vorgeschichte: Ich hatte einen Nebenjob auf nem Weihnachtsmarkt und hab da Stifte verkauft. Und Stifte verkaufen, also, ganz ehrlich: Wer an Weihnachten Stifte verschenkt, das sind auch merkwürdige Leute. Aber die Kunden waren nicht mal das Problem, sondern die Kleinkunstbühne gegenüber. Da waren unglaublich schlechte Performances, die ich mir vier Wochen lang reinziehen musste. Ein elektronischer Elch, der am Glühweinstand steht und singt, und danach ein ganz schlechter Komödiant, der unglaublich schlechte Witze macht. Sowas. Und aus irgendwelchen Umständen habe ich dann aber mal mit einem von denen geredet und hab rausgefunden, dass die horrende Gagen kassieren und wirklich Patte machen auf dem Weihnachtsmarkt. Und ich dachte: Fuck und ich steh hier wochenlang rum, verkauf Stifte und der Wichser macht eine Stunde lang schlechte Witze und bekommt mehr Geld als ich in der ganzen Wochen. Also hab ich mir vorgenommen: Nächstes Jahr steh ich auf diesem Weihnachtsmarkt und mach das auch. Und im Sommer danach hab ich tatsächlich Kulturämter von zig Städten angeschrieben und behauptet, ich wäre ein sehr bekannter Komödiant namens Daniel Löwengrube. Ich hab denen auch ne Referenzliste dazugeschrieben, die komplett erstunken und erlogen war. Nightwash und so Sachen, die Leute aus Kulturämtern schon mal gehört haben. Und damit die auch einen Beispiellied haben, hab Ich denen noch irgendein lustiges Lied auf dem Klavier eingespielt

und dann Applaus da reingemischt. Klang dann wie ein Live-Mitschnitt, war aber wirklich nur Sounddesign, das hatte ich so nie aufgeführt. Ich dachte: Okay, da sagen jetzt bestimmt zehn Weihnachtsmärkte oder so zu und dann schreib ich ein korrektes Programm und dann läuft das. Stattdessen hat nur ein Weihnachtsmarkt zugesagt: Bochum. Die hatten Daniel Löwengrube gebucht für viel Geld, auf das ich auch angewiesen war, weil ich schon Flüge gebucht hatte, weil ich den Winter über nach Südostasien wollte. Der Tag kam immer näher und ich dachte immer wieder: Fuck, ich muss mich echt mal hinsetzen und überlegen, was ich da 90 Minuten lang mache. 90 Minuten Comedy-Programm schüttelt man sich ja nicht eben so aus dem Ärmel. Zwei Tage vorher bin ich dann zu nem Kumpel gegangen, Michael, der eine Kneipe in Aachen hatte, und dem hab ich mein Leid geklagt: Du, ich hab behauptet, ich wäre Komödiant, und muss

→ IMMERNOCH: DangeR Dan

übermorgen in Bochum 90 Minuten lang auftreten, was soll ich machen? Der schüttelte nur den Kopf und fasste sich an die Stirn und meinte: Ey, du bist am Arsch, meld dich krank. Und ich dachte: Nee, man, ich mach das schon irgendwie, erzähl mal nen Witz, irgendwas mit Weihnachten. Er so: Pff, keine Ahnung, „Drei eilige Könige, njiaaaau, njiaaaaau, njiaaaau." Okay, dachte ich, das wird scheiße. Aber ich wollte ja unbedingt das Geld haben, also hab ich zwei Tage später mein Klavier eingepackt, bin nach Bochum gefahren, wurde in Empfang genommen, in irgendeine Umkleide gebracht, wo es dann auch den obligatorischen Obstkorb und alles gab.

Die dachten halt wirklich, ich bin ein Künstler. Ich saß da dann ganz alleine, Schweiß stand mir auf der Stirn, immer noch keinen richtigen Plan, was ich da eigentlich machen würde. Riesige Weihnachtsmarktbühne, komplett mit allem, was dazugehört, Stage-Management, Mixer, Lichttechniker, alle wollten noch mit mir reden, damit die sich drauf einstellen könnten, was genau ich machen würde, ich hab dann immer irgendwas gestammelt, bis es dann tatsächlich irgendwann losging. „Und hier ist: Daniel Löwengrube!" Ich komm auf die Bühne, kompletter Blackout, ich wusste nicht, was ich machen sollte. Hab dann das mit den eiligen drei Königen erzählt, nijaauu, nijaaaau, nijaaaau und so einen Scheiß erzählt, die Leute fingen an, zu buhen. Ich hab dann irgendwas auf dem Klavier gespielt, komplett unlustige Improvisationen und, weil ich so aufgeregt war, fiel mir auch echt nix Tolles ein.

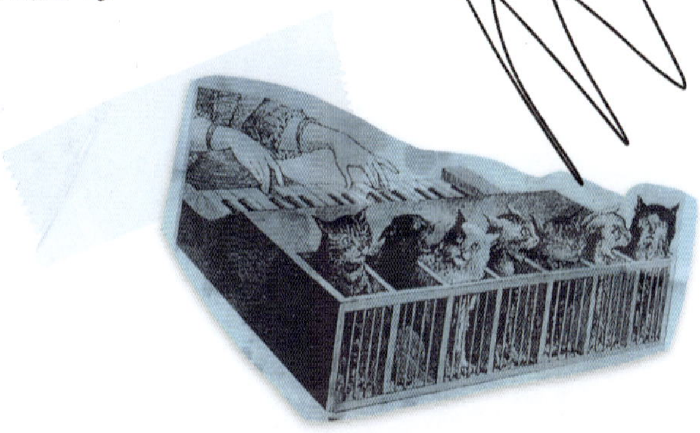

Ich hatte noch irgendwie Bob-Marley-Songs im Kopf, von denen ich dann so Jazz-Varianten gespielt habe. Es war einfach das schlechteste Comedy-Programm, das es jemals gegeben hat. Zum Glück gibt es davon nichts auf YouTube, ich hab wirklich versucht, alles zu finden, weil ich dachte, das darf nie rauskommen. Irgendwann gab es dann auch eine Pause, in der niemand mit mir geredet hat, alle guckten verschämt weg und ich war kurz davor, mein Keyboard einzupacken und einfach nach Hause zu fahren, ohne Kabel und alles, einfach nur weg da. Ich hab die Pause dann komplett ausgereizt und so getan, als wäre das ganz normal, übertrieben lang Pause zu machen. Dann wieder raus, irgendeinen dummen Scheiß gemacht, hinterher das Geld bekommen. „Wir melden uns bei Ihnen, vielen Dank“, ganz professionell sind die mit mir umgegangen und dann auf Nimmerwiedersehen.

ICH HABE BOCHUM DANACH JAHRELANG GEMIEDEN.

Johannes Floehr

AUTOR & FAN DES KFC UERDINGEN 05

Zunächst war ich freudig-irritiert über den spontanen Jubel eines Teils des sonst eher zurückhaltenden Publikums bei einer Firmenveranstaltung in Haltern am See und dachte, es handle sich um eine Gruppe großer Metapher-Fans, doch dann stellte sich heraus: Da hatten welche per Smartphone Fußball geguckt, anstatt meiner Kurzgeschichte zuzuhören und Guido Burgstaller hatte soeben ein Tor für Schalke 04 geschossen. Glückwunsch.

SINA LORIANI

Chris der Berg

MUSIKER

Es begab sich einst in Pforzheim, dass wir mit meiner damaligen Deutschpunk-Band in einer Location spielten, die auch mal eine Kegelbahn war. Vielleicht war der Boden vor der Bühne deshalb so merkwürdig uneben, weil die Kegelbahn noch genutzt wurde, wenn keine Konzerte stattfanden. In der Mitte des Bodens zog sich eine Erhebung von der Bühne bis zum Ende des Raums. Es war dadurch schon recht grotesk, den Menschen beim Pogotanzen zuzusehen. Richtig merkwürdig wurde es dann, als einer eine Klotüre aus der Herrentoilette geklaut hatte und damit quer über die „Tanzfläche" lief, um mit seiner Beute dann die Location zu verlassen. Keine Ahnung, warum ihn niemand daran gehindert hat, die Klotüre tauchte im Lauf des Abends jedenfalls nicht mehr auf.

Alice Baldwin

PIANISTIN

Einmal ist während eines Konzertes im Altersheim einer älteren Dame neben dem Klavier ein kleines Malheur passiert. Hab mich nur kurz verspielt und dann ganz profimäßig weitergespielt, während die Urinpfütze aufgewischt wurde.

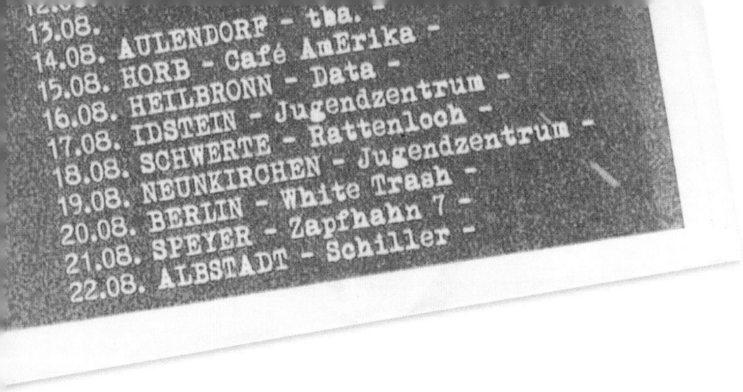

13.08.
14.08. AULENDORF - tba.
15.08. HORB - Café AmErika -
16.08. HEILBRONN - Data -
17.08. IDSTEIN - Jugendzentrum -
18.08. SCHWERTE - Rattenloch -
19.08. NEUNKIRCHEN - Jugendzentrum -
20.08. BERLIN - White Trash -
21.08. SPEYER - Zapfhahn 7 -
22.08. ALBSTADT - Schiller -

MAREK RUBEC

LeNa Watzlawik

PROJEKT- UND KULTUR-MANAGERIN (BEATSMART AGENCY)

RAW Gelände, Berlin. Samstag irgendwann nachts zwischen 3 und 4 Uhr am Karneval der Kulturen-Wochenende – wir sind bereits seit ca. 23 Uhr im Club, wartend auf den Prime-Time-Slot, der sich als 5-Uhr-Slot entpuppte. The Mixfits sind gebucht für ein DJ-Set bei einer Global-Bass-Party. Eine große schöne weiße Frau mit Dreadlocks tanzt elfenhaft durch den Backstage und fragt Dennis, einen der zwei DJs: „Du, Dennis, wie heißt du nochmal?“

Jakob AmR

SÄNGER (LEONIDEN)

Wir durften 2016 die Hauptbühne auf dem “Southside”-Festival eröffnen. Es war wahnsinnig cool, wir haben eine halbe Stunde gespielt, es waren unheimlich viele Leute da, wir komplett euphorisiert. Weil wir aber nimmersatt sind, haben wir aber am selben Tag noch ein weiteres Konzert gespielt. Und zwar beim “Sparkling Vibes”-Festival in Bad Nauheim, das, klar, in einem Freibad stattfand. Außer ein paar Kindern mit Schwimmflügeln und Leuten in der Schlange bei der Pommesbude war niemand da, wir haben dann vor gefühlt sechs Kindern unser Set gespielt und irgendwann ist eines davon über ein Verbindungskabel unseres Mischpults gestolpert und hat den gesamten Sound lahmlegt: ein Tag der Kontraste von einer riesigen Bühne bis hin zu einem Freibad.
War gut, um uns zu erden.

Patrick Salmen

AUTOR

Manchmal glaube ich, dass mich die verschiedensten Publikumsreaktionen auf meinen Lesetouren nicht mehr überraschen könnten. Klar, die Stimmung ist meist sehr ausgelassen. 85 % der anwesenden Menschen sind immerhin freiwillig da, wissen, worauf sie sich einlassen, und freuen sich auf einen schönen Abend. Da wird gelacht, geschunkelt und ordentlich was weggeschmunzelt.

Aber auch an negativen Reaktionen war in den letzten Jahren gefühlt schon alles dabei, denn da kommen die anderen 15 % ins Spiel. Meist Leute, die mangels kultureller Alternativen einfach mitgeschleppt wurden oder noch vom Vortag im Theatersaal übrig sind und dann mit verschränkten Armen in der ersten Reihe sitzen und mich grimmig anstarren. Jetzt ist Humor natürlich Geschmackssache und ich kann es wahrlich niemandem verübeln, wenn er oder sie denkt: „Puh, meins ist das nicht. Hilfe! Was will dieser bärtige Barista von mir?“ Mal gehen die Leute also kopfschüttelnd aus dem Saal, weil ihnen ein Witz nicht gefallen hat, mal wird der Kopf geschüttelt, mal genervt aufgestöhnt und mal demonstrativ laut gegähnt. Einer ist sogar mal in den ersten zehn Minuten eingeschlummert, um anschließend beseelt vor sich hinzuschnarchen. Ach, wer kann es ihm verübeln?

Mein persönliches Highlight jedoch war ein älterer Herr, der neulich während meiner gesamten Show nicht einmal zur Bühne blickte, weil er so sehr in sein Buchv vertieft war. Zunächst dachte ich, er würde die vorgetragenen Texte in meinem aktuellen Werk aufmerksam mitlesen, um mich bei Versprechern gegebenenfalls korrigieren zu können. Auf mein Nachfragen stellte sich allerdings heraus, dass es sich bei der Lektüre um einen Roman von Ferdinand von Schirach handelte. Der durchaus höfliche Mann kommentierte dies mit den Worten: „Nehmen Sie es nicht persönlich. Privat interessiere ich mich eher für richtige Literatur."

Nun denn! Den Eintritt hat er ja trotzdem bezahlt. Vielleicht ist er einfach sehr reich und braucht beim Lesen stets eine gewisse Geräuschkulisse im Hintergrund. Mir soll es nur recht sein. Muss ja finanziell auch irgendwie durch den Winter kommen. Empfehlen Sie meine kommende Lesetour also gerne weiter, falls Sie Leute kennen, die mal zwei Stunden an ihrer Diplomarbeit schreiben wollen oder anderweitig was geschafft bekommen müssen. Im Grunde bin ich auch nur menschgewordener Fahrstuhljazz.

MARC BLINN

Horst Hansen Trio

JAZZBAND

Was für eine Ehre, beim Bürgerfest des Bundespräsidenten im Schloss Bellevue spielen zu dürfen. Bei der Ankunft beschnüffelte der Sprengstoff-Spürhund unser Equipment, während der Polizist es witzig fand, uns mit den Worten „Keine Sorge, der ist nicht für Marihuana ausgebildet“ zu beruhigen. An dem Tag war es tierisch heiß und in der mit schwarzem Boden bedeckten folienartigen Bühnenkonstruktion heizte es sich auf wie im Pizzaofen vom Grillpalast auf der Krefelder Dönermeile. Wir als auf Socken spielende Band standen also auf glühenden Kohlen und konnten unsere Instrumente kaum anfassen. Die Bläser komplett verstimmt, die Elektronik des Keyboards am Spinnen (ein, aus, ein, aus) und die von der Stirn fließenden Schweißtropfen brannten beim Spielen in den Augen. Vor uns auf der Bühne lasen wir auf einem kleinem Bildschirm die ganze Zeit den Text von „Joanna ... geboren, um Liebe zu geben“. Ob der alte Roland Kaiser, der nach uns performte, besser mit der Hitze zurechtgekommen ist?

Paul Sies

SCHAUSPIELER

Urmel aus dem Eis. Freiluftvorstellung vor zweihundert grölenden Kindern und Frühpubertierenden. Wir mit mörderischem Kater, der Abend vorher war lang – einer aus der Theatergruppe hatte sein Abi geschafft, das musste gefeiert werden. Es ist Frühsommer, und die Sonne brät unsere jungen, schmerzenden Gehirne langsam durch. Unterspannte Jungschauspieler*innen mit Tierkostümen und lustigen Sprachfehlern („Aber das ist meine Mupfel!") – doch niemand kommt hier auf die Energie, die es eigentlich braucht, um so viele Kinder im Theater bei Stange zu halten. „Doch das Meer, doch das Meer, doch das Meer ist so leer" – aua. Wir schleppen uns durch die Vorstellung, manche drüber, die meisten drunter – die ersten Kinder langweilen sich und werden langsam unruhig. Unser Seeelefant leidet am meisten. Auch er hat sich gestern fröhlich einen reingeorgelt, im Gegensatz zu uns anderen muss er allerdings die Gesamtlänge des Stücks auf einer kleinen aufblasbaren Plastikinsel (natürlich mit Palme) auf dem See verbringen. In der prallen Sonne liegend in einem monströsen, Jon Snowesken Fellkostüm schaukelt der Arme vor sich hin, das Gesicht unter der Lederkappe puterrot vor Anstrengung, eine Ader auf der Stirn gefährlich angeschwollen. Der angeklebte Schnurrbart hat sich längst gelöst und schwimmt leise vor sich hin. *

*

Das Stück erreicht gerade seinen dramatischen Höhepunkt (das arme Urmeli soll vom brutalen König ermordet werden oder so ähnlich), als sich unser Seeelefant, der bis dato leise sehnsuchtsvoll in sich hineinsummte, plötzlich mitten im Lied laut in den See erbricht. Die ernste Szene ist sofort gelaufen – alle Kinder starren auf die kleine Insel mit dem schwitzenden Teenager, vor dem eine noch kleinere biergelbe Insel bröckelig im Wasser versinkt. Unser Seeelefant setzt, in der verzweifelten Hoffnung, es könnte niemand gemerkt haben, erneut an, zu singen, unterbricht sich sofort und würgt einen Restschwall Bier und Pasta aus sich hinaus. Die Kinder johlen:

KOTZIFANT,
KOTZIFANT!

Er gibt einen leisen Seufzer von sich (von dem ich immer noch manchmal träume) und rutscht von der Insel ins Wasser. Ob aus Scham oder aus Ohnmacht, hat er nie erzählt. Während die wenigen erwachsenen Zuschauer sich fragen, ob sie wohl jemals wieder ins Jugendtheater gehen, rasten die Kinder völlig aus, es fliegen kleine Steinchen. Weil unser Seeelefant in seinem armlosen und sackartigen Kostüm nicht schwimmen kann, ziehen wir ihn aus dem Wasser. Verzweifelt versuchen wir, das Stück irgendwie doch noch zu Ende zu bringen – es gelingt uns trotz einem triefend nassen und sehr, sehr schlecht gelaunten Meeressäuger am Wasserrand und einem völlig entfesselten Publikum auch irgendwie.

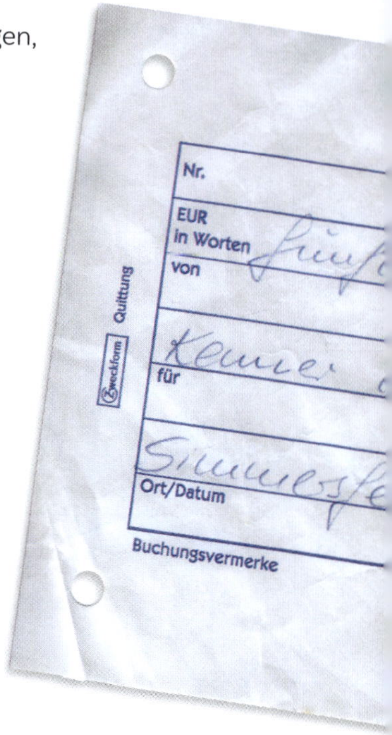

Die Kinder hatten ihren Spaß. Wir katerten erstmal ein paar Tage aus. Prost.

Ulli Potofski

FUSSBALLREPORTER
& KINDERBUCHAUTOR

Schlimmste Situation: Live-Interview bei RTL nach einem Fußballspiel. Nur – ich hatte keine Ahnung, wer da neben mir steht. Und ich stellte die „geniale“ Frage: Wer sind Sie eigentlich? Die Antwort war noch besser: Ich weiß es nicht …

Meike

TRESENKRAFT

Einmal gab’s in dem Club, in dem ich derzeit arbeite, große morgendliche Aufregung in Sachen Lebensmittelverschwendung. Die Band vom Vortag hatte Brokkoli im Catering-Rider gelistet, das eingekaufte Gemüse war jedoch nicht angetastet worden. "Brokkoli" war hier aber nicht wörtlich gemeint, sondern ein Code. Für ein Rauschmittel. Mal ehrlich, wer schreibt denn BROKKOLI auf den Rider und will sich Gemüse vor der Show kochen? Gab herrliche Mimik, als das alle realisierten. Noch lieber hätte ich allerdings den Blick der Band gesehen, als da ernsthaft Brokkoli im Backstage lag.

Lena Johanna Hödl

AUTORIN

Bei der zweiten Lesung, die ich gemacht hab, war ich 19 und sehr toxisch maskulin geprägt. Weil ich der Auffassung war, als ernstzunehmende Künstlerin müsse ich mich möglichst exzentrisch geben (war auch großer Fan von Klaus Kinski, uff), habe ich innerhalb von kürzester Zeit vor und beim Lesen einen Haufen Weingläser geext. Das Publikum bestand aus sieben älteren Damen, die das alles recht interessant fanden, und während der andere Autor dran war mit lesen, hab ich am Klo gekotzt. Das war leider direkt neben dem Raum, wo gerade gelesen wurde, und alle haben es gehört. Trotzdem war das ganze Nachbarschaftszentrum ganz angetan!

Jan Heck

GITARRIST UND SÄNGER (ZIK ZAK)

Einmal fragte uns der Mischer während des Konzertes, ob er bei uns Bass spielen kann.

Michael "Gurke" Kammer

SÄNGER (CROWD OF ISOLATED)

» DANS CE CAMP
SUR DES ORDRES VENUS D'OUTRE-RHIN
FURENT TRAÎNES VERS LA MORT
LES DÉFENSEURS
DE LA DIGNITÉ ET DE LA LIBERTÉ HUMAINES VICTIMS
DE LA BARBARIE NAZIE «

Unsere Stadt hatte ein Lager – Zwangsarbeit – Gestapo-Internierung – vor den Augen der Bürger – Macht – Tod – Qual ... und niemand hat was gewusst.

Unsere Stadt hatte eine Band – Hardcore – junge Menschen – Rebellion – kritisch – politisch motiviert – viel unterwegs – laut!!!

„Hey you, COI, wollt ihr da spielen? Das passt doch sicher so für euch."

Diverse politische Organisationen setzen ein Zeichen am ehemaligen Gestapo-Lager. Für ein möglichst breit aufgestelltes Programm engagiert das Komitee vier äußerst junge Menschen in merkwürdigem Outfit. Auch Jugend- und Subkultur soll selbstredend angesprochen werden. Klar gibt es von den Herren Crowd eine sofortige Zusage – „Ja ... abgefahren ... like it ... abgefahrene venue." Aber eigentlich haben wir uns es stets zur Devise gemacht, es tunlichst zu vermeiden, in der eigenen City (Saarbrücken) aufzutreten. Ende der 80er machen wir jedoch zu diesem Anlass eine extrem seltene Ausnahme.

Die Band rückt mit der ganzen „Bagasch" im Schlepptau an. Die Crowd-Jünger laden gerne aus und schleppen die Backline ins Zelt mit provosorischer Bühne. Stempel auf die Hand – Eintritt mal wieder gespart. Die Location, der Anlass und der historische Hintergrund wirken etwas befremdlich, wenn nicht surreal auf uns. Wir kontern mit aufgesetzter Coolness, der Unfähigkeit zu Smalltalk und dem gewohnten Quäntchen Arroganz.

Eine weitere (meist unausgesprochene) Regel in den Band-Statuten: „Es wird hiermit kategorisch ausgeschlossen, dass Familienmitglieder der agierenden Musiker genannter Kapelle jemals einem Auftritt beiwohnen dürfen." Ich verweise an dieser Stelle auf den kulturhistorischen Kontext. You know? – True subculture und voneinander parallel agierdene Universen, die sich nicht tangieren dürfen – Kurzversion.

Im Publikum steht mein Opa. In tiefgreifenden Diskurs mit VertreterInnen und Aktivisten aus den Zusammenhängen AntiFa, Schwarzer Block und Squats involviert. Inhaltlich scheint man einen Konsens gefunden zu haben – mein Eindruck. Ein kurzer Moment des Freezing. Welche Rolle spiele ich jetzt? Wie sieht meine Performance an diesem Ort nun aus? Enkel oder der Sänger von Crowd of Isolated?

„Hallo Opa, schön, dass du hier bist." – „Ja, ich hatte davon gelesen, es war mir wichtig, heute hier vorbeizukommen." AntiFa-Mensch: „ ...hey, cool, dein Opa kommt zu nem Gig von Crowd ..." – Sänger von COI: „Ja."

Die Band betritt die Bühne. Freezing again: Wie sieht meine Performance an diesem Ort, unter diesen Umständen, nun aus?

Ein Sog aus Lärm reißt uns für eine Stunde in seinen Bann und spuckt uns danach widerwillig wieder aus. Wir liefern ganz ordentlich ab, meine ich, mich zu erinnern – wollen uns natürlich in der Homebase beweisen. Es ist laut, es ist schweißgetränkt, wir stehen keinen Moment still, legen uns auch mal gerne mit den Leuten an, einmal fällt der Boxenturm kurz um, don't care ... play the game ... and walk the talk.

Stille! – Zugeschaut – abgebaut – abgetrocknet und wiederbelebt. Mein Opa hat uns gleich ausgespäht und besucht uns „backstage". Stille und freezing again! Lächelnd schaut er mich an: „Also, entweder du bekommst demnächst einen Herzinfarkt oder du wirst recht bald berühmt." Keine der Prophezeiungen ist zum Glück bislang eingetreten – DANKE OPA!

Laura Lietzmann

OPERNSÄNGERIN

Ich arbeite(te) als Solistin in der Oper. Wir führten eine Operette auf, in der meist kleine Dialoge kamen, bevor die nächste Musiknummer startete. Für diesen, der jetzt anstand, sollten mein Partner und ich jeweils von einer Seite der Bühne aufeinander zulaufen. Ich stand auf der Seite, die weiter weg vom Hintereingang der Bühne war, und auf der Seite, auf der nicht der Inspizient saß, kein Abendspielleiter oder sonst jemand war bei mir. Ich stand also bereit auf der Seitenbühne, aber sah meinen Kollegen gegenüber nicht in der Kulisse stehen. Da es schon viele Vorstellungen gegeben hatte, dachte ich, er kam immer, aber bekam doch etwas Stress. Auf der Bühne hörte ich die letzten Momente des vorangegangenen Dialogs und dann …

Stille. Niemand kam, alles wartete gespannt auf … uns! Ich wartete noch ein paar Sekunden und musste eine Aktion starten: Ich lief los und „suchte“ meinen Kollegen, also die Rolle, auf der Bühne. „Das gibt es doch nicht, wo steckt er denn???“ etc. Ungefähr ein-zwei Minuten musste ich so improvisieren, bis das Team hinter der Bühne dafür gesorgt hatte, dass mein Kollege auftauchte.
Die längsten Minuten meines Bühnenlebens!

Dominik Siegel

LICHTTECHNIKER

Ich saß mal auf Job wie so oft am Lichtpult und hab über ein Wireless-Intercom von der Bühne aus meine Lichtanweisung bei den einzelnen Stücken bekommen. Von einer echt hübschen, aber während der Show schon ziemlich besoffenen Französin. Die Stagemanagerin der Musikgruppe. Irgendwann, so gegen Mitte der Show, hat sie mir dann gesagt, dass sie kurz weg ist, um aufs Klo zu gehen. Aber vielleicht hätte ich ihr sagen sollen, dass sie das Mikrofon muten soll (oder einfach das verdammte Intercom ablegen), dann hätte ich ihr nicht beim Pissen und Stöhnen zuhören müssen während der weiteren Show. Und ich glaube, sie hat immer „Oh mein Gott“ währenddessen auf Französisch gesagt.

Tilman Birr ← AUTOR

Jeder Dialog in jedem Kabaretttheater kurz nach Ankunft des Künstlers

ORT: Kulturscheune Wiebelskirchen, Alter Ölkeller Kredlitzhausen oder Theater Konfetti Schragendorf – irgendwo in der deutschen Provinz

PERSONEN: Veranstalter (über sechzig), Künstler (um die dreißig), Techniker (Mitte vierzig), Fremder (unbestimmbar)

ZEIT: Freitagnachmittag, halb sechs

VERANSTALTER: Kommst du gerade direkt aus Berlin?

KÜNSTLER: Ich würd gern gleich mit dem Soundcheck anfangen.

VERANSTALTER: Mensch, ist ja auch ne irre Fahrerei, was? Ich hab's ja mit der Bahn nicht so. Find ich auch ne Frechheit oft.

TECHNIKER: Also, der Hans-Peter, der normalerweise die Technik macht, ist heute leider nicht da. Der hat mir aber alles erklärt.

KÜNSTLER: Oh fuck!

VERANSTALTER: Ich war ja auch neulich wieder in Berlin. Meine Tochter wohnt nämlich da. Die hat auch schon zwei Kinder.

KÜNSTLER: Ich brauche zwei Mikros, einen Tisch und einen Stuhl. Und einen Anschluss für die Gitarre.

VERANSTALTER: Wie lange machst du das jetzt schon? Ich schon seit dreißig Jahren. Bei mir warnse ja alle schon. Der Schramm, der Pispers. Auch der Priol, als ihn noch keiner kannte. Jetzt spielen die ja nur noch die großen Hallen.

TECHNIKER: Den Stehtisch brauchst du jetzt doch nicht, oder wie?

VERANSTALTER: Früher, da hat doch niemand ein Hotel gebraucht. Da haben die Künstler bei uns aufm Sofa geschlafen. Oder haben sich von der Bühne runter einen Schlafplatz organisiert. War früher völlig normal. Das kannste ja heute keinem mehr anbieten.

KÜNSTLER: Gibt's eigentlich eine Künstlertoilette?

VERANSTALTER: Ich erzähle von früher, weil ich mich dir dann überlegen fühlen kann.

TECHNIKER: Ich hab den jetzt extra hingestellt, weil das in deiner Technikanweisung stand! Muss ich den jetzt wieder wegräumen, oder wie?

VERANSTALTER: Der Vorverkauf ist jetzt nicht so richtig toll gelaufen. Wir hoffen aber noch auf die Abendkasse. Bei uns isses halt schwierig, wenn einen niemand kennt. Und dich kennt ja wirklich kein Schwein. Neulich war Marco W. Kling da. Da war's voll!

KÜNSTLER: Mein neues Programm ist halt schon was anderes als mein altes.

VERANSTALTER: Außerdem ist im Nachbardorf heute 90er-Party. Das zieht immer unglaublich, da gehen fast alle hin. Die jungen Leute sowieso, aber die wären eh nicht zu dir gekommen. Und mittlerweile gehen da auch viele Ältere hin.

KÜNSTLER: Wenn ich sage „Die Kuh spricht nicht so gut deutsch", da hätte ich gern einen Lichtwechsel.

TECHNIKER: Wir haben zwei Lichtstimmungen: an und aus.

VERANSTALTER: Ich erzähle dir, wie unbekannt du bist, damit ich mich dir überlegen fühlen kann. Mich kennt hier im Dorf jeder.

KÜNSTLER: Ich gehe auf deine Geschichten nicht ein, weil ich alle Landbewohner über fünfzig verachte.

TECHNIKER: Ich krieg für den Abend fünfzig Euro.

VERANSTALTER: Und wunder dich nicht: die Leute hier bei uns, die lachen eher so in sich hinein. Aber die haben schon ihren Spaß.

KÜNSTLER: Ich glaub, ich bräuchte doch n Monitor.

TECHNIKER: Oh … da weiß ich grad gar nicht … Also, n Beamer könnt ich dir anbieten. Aber da weiß ich auch gar nicht, wie der angeht.

VERANSTALTER: Aber sonst ham wir hier echt n schönen Laden. Und ein dankbares Publikum. Die sind echt immer nett. Grad der Klaus. Gut, der kann heute leider nicht kommen, der hat heut Vereinssitzung. Ist auch doof, dass die das immer auf unsere Termine legen. Die wissen doch, dass bei uns immer am dritten Freitag im Monat Kabarett ist.

KÜNSTLER: Es klingt immer noch ziemlich blechern. Kannste das mal richtig einstellen?

TECHNIKER: Äh … ich mach das gar nicht hauptberuflich.

KÜNSTLER: Ich aber!

VERANSTALTER: Das ist bei uns eh alles ganz entspannt. Merkste ja selbst, ne.

KÜNSTLER: Wie ist es denn mit Essen?

VERANSTALTER: Ach so, ja … Essen. Also, die Moni, die normalerweise das Essen macht, die is auch heute gar nicht da.

TECHNIKER: Wenn hier erst mal Leute drinsitzen, dämpft das auch noch.

VERANSTALTER: Aber am Bahnhof gibt's auch noch ne Pizzeria. Da bekommste bestimmt noch was.

KÜNSTLER: Oder irgendwas kleines? Ne Brezel oder so?

VERANSTALTER: Es wird halt auch für mich immer schwieriger. Ich vermiete hier noch so Ferienwohnungen, da muss ich morgen durchputzen, deswegen kann ich heute nicht so lange. Also, ich leg dir die Gage in die Garderobe und bin dann in der Pause weg.

KÜNSTLER: Kann denn irgendjemand in der Pause schon mal meine Produkte verkaufen?

VERANSTALTER: Der Müllsack, der fährt dich danach bestimmt auch noch zum Hotel.

TECHNIKER: Der ist aber heute gar nicht da.

VERANSTALTER: Weißte, warum der Müllsack heißt? Ist ne ganz lustige Geschichte. Kannste vielleicht mal einbauen.

META BENE

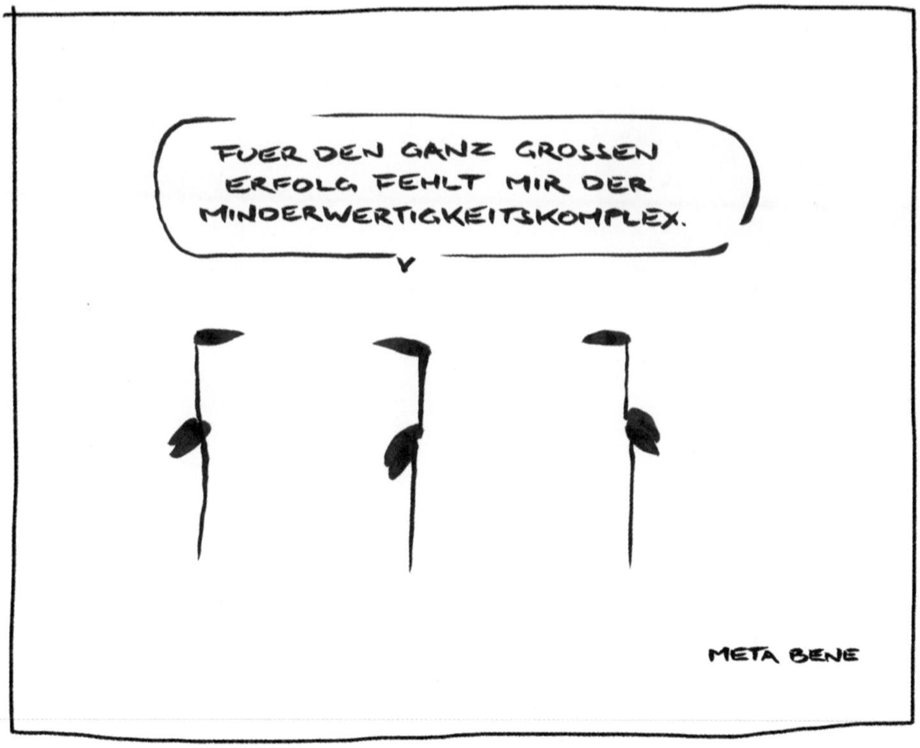

KÜNSTLER: I hate myself and want to die.

TECHNIKER: Das mit der Ausbildung zum Steuerfachgehilfen war dann doch nichts für mich. Jetzt wohne ich hier hinten im Bauwagen. Sind jetzt auch schon zwanzig Jahre.

VERANSTALTER: In meiner Freizeit hacke ich Holz und fahre im Urlaub gern nach Dänemark. Da ist es nicht so heiß.

KÜNSTLER: Ursprünglich wollte ich nur nicht arbeiten gehen.

FREMDER: K-k-ann der K-k-künstler mir schnell ein A-autogramm geben? Hier auf den zehn F-Flyern. Und d-d-dann noch hier in den f-f-fünf A-Alben. Und hier „f-für Erika“ bitte.

KÜNSTLER: Bitte sehr. Viel Spaß bei der Show.

FREMDER: Nee, k-k-kuck ich mir gar nicht an.

Benjamin S.

BASSIST

Es war mein erster Gig mit dieser Band. Ich stand mittags um vier mit Clownskostüm und Schminke auf einer Zeltbühne von diesem kleinen Provinzfestival. Durch Vetternwirtschaft hat die Band, die nach uns spielte, schon vor uns aufbauen dürften, wobei sie sich alle Zeit der Welt genommen haben und uns somit wertvolle Zeit geklaut haben. Unverschämt. Gespickt mit technischen Problemen, beispielsweise hörte ich meinen Bass überhaupt nicht, was ein bekanntes Problem unter Bassern ist, war der Gig dann überstanden und die 30 Zuschauer waren teils verwirrt und teils gab es Mitleidsapplaus. Danach holte ich meine wohlverdiente gratis rote Wurst und versoff meine drei Biermärkle. Ein Fest.

Renato Kaiser

SATIRIKER

Ich hatte einen Auftritt in einem Restaurant bei der Weihnachtsfeier einer Blechfirma, die Autokennzeichen fabriziert. Vor dem Auftritt fragte mich der Chef: "Gell, Du kommst aus Schaffhausen?" Ich: "Ach so, nein, Gabriel Vetter kommt aus Schaffhausen, ich komm aus St. Gallen!" Er: "Au ... das ist blöd. Kannst Du so tun, als kämst Du aus Schaffhausen?" Ich: "Hä, warum?" Er: "Wegen des Geschenks, das wir vorbereitet haben, wär echt super!" Der Chef hat mich dann angekündigt mit "und jetzt kommen wir zum Show-Act des Abends, den hab ich vorhin hier im Treppenhaus gefunden, hehe, vielleicht ist der ja lustig, viel Spaß mit Renato Kaiser aus Schaffhausen!" Naja, die Leute fanden mich nicht lustig (da konnte ich noch so tapfer meine Herkunft verleugnen), dem Chef war's super peinlich, hat mich abmoderiert mit "den kennt man übrigens aus dem Radio!" und mir dann das Geschenk überreicht: ein Autokennzeichen mit meinem Namen drauf, der Schweizer Flagge - und dem Schaffhauser Wappen.

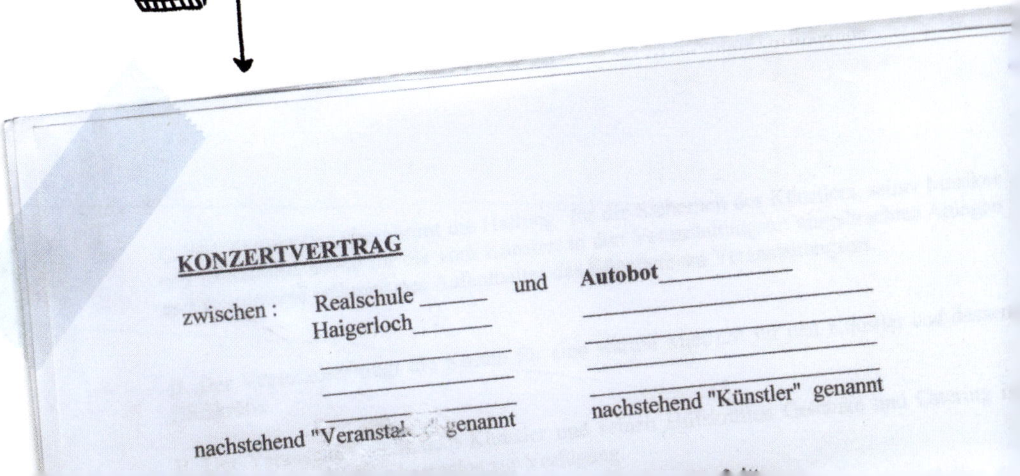
KONZERTVERTRAG

zwischen : Realschule Haigerloch und Autobot

nachstehend "Veranstal... genannt nachstehend "Künstler" genannt

Stefan Reichmann

GRÜNDUNGSMITGLIED & KÜNSTLERISCHER LEITER DES "HALDERN POP"-FESTIVALS

Wenn ein Festival läuft, geht's zu wie in einem Taubenschlag. Exklusivität fliegt ein und aus, Shuttle-Teams erledigen den „local transport service", auch so ein verkompliziertes Branchengerede. Im Fußball bei Sky würde man von strukturellen Frequenzen gegen den Ball sprechen.
Es ist ein temporärer Nahverkehr in einer kulturell international entzündeten Provinz. Wir pendeln zwischen Dortmund, Köln, Düsseldorf und Amsterdam, zupfen uns die Stars aus aller Welt vom Himmel und freuen uns, sie einmal im Jahr bei uns im Dorf willkommen zu heißen und auf die Bühne zu stellen. Ohne die Shuttle-Crew geht eigentlich wenig, das muss man hier sehr klar sagen.
Es wird geholt, gebracht, sortiert, verteilt und unser Team hat immer jede Menge zu tun, da kam es schon mal vor, dass man versehentlich im Düsseldorfer Flughafen eine andere Band in den Bus zerrte. Im Eifer der Vorfreude vergaß man, das Wesentliche zu klären, wer man war und wo man hin wollte.

In unserem Fall handelte es sich um eine Country-Kapelle aus England, die für ein Country-Festival im Sauerland gebucht war. Am Oberhausener Kreuz bemerkte die Band während der Konversation mit unserem Fahrer, das irgendetwas nicht stimmte und man von zweierlei Zielen, Festivals sprach. Ich weiß nicht mehr genau, wie die Band hieß, die wir am Flughafen stehen gelassen haben, dafür kann ich sagen, dass mal die australischen Drones aus Paris mit dem Zug zu uns unterwegs waren und wir sie letztendlich in Haltern am See abholen mussten, da sie sich schlicht mit dem D und T vertan hatten. Dann doch bitte besser fliegen oder mit dem Rad, das hatten wir auch schon mal und hat sicherlich Perspektive. Wir werden sehen, was diese Situation von dem, was wir damals Festival genannt haben, so übrig lassen wird.

Meike Boltersdorf

MUSIKERIN

Ich glaube, meine schlimmste Bühnenstory war gleichzeitig auch die geilste, weil wenn alles schief läuft, dann geht nur noch eine Art performatives Harakiri, und das ist unterhaltsam für alle.
Keyboard ging nicht mehr, Zuspielgerät ging nicht mehr, Gesang nur noch gefiept und das beim Solo-Debut-Konzert vor großem Publikum. Eine einzige Soundkatastrophe, ein bizarrer Rahmen on top und dann cool bleiben.
Reden statt spielen, dann doch spielen, wieder reden, durch die Leute dancen, doch singen, hinterher im Wechsel beschimpft und gepriesen werden.
Kunstakademie Stuttgart, ich danke dir! Wirklich.

Peter Urban

RADIOMODERATOR UND ESC-KOMMENTATOR

2011 beim Eurovision Song Contest in Düsseldorf gab es im ersten Halbfinale Tonprobleme und ich musste temporär über eine Telefonleitung kommentieren. Und da handelte ich mir dann ziemlich viel Ärger ein, weil ich dann spontan einen Aussetzer hatte und gesagt habe: Wir sind doch hier nicht in Kasachstan. Woraufhin die Regierung Kasachstans sich meldete, ihre Technik sei perfekt, man könne den Song Contest da gerne veranstalten, solche Fehler würden da nicht passieren.

Martin Weber

ZAUBERER

Close-Up-Zauberei bedeutet: Ganz nah dran. So nah, dass die Zuschauer praktisch hinfassen können. Und das tun sie manchmal auch. Das kann dann auch mal unangenehm werden. Bei einer Firmen-Weihnachtsfeier verwandele ich für einen Tisch voller Wein-Außendienstvertreter einen 5-Euro-Schein in einen 50er. Ungläubig reißt mir der deutlich angeschickerte Weinfachmann den Schein aus der Hand und untersucht ihn. Dann steckt er ihn ein und sagt: „Zauber dir doch noch einen.“ Richtig coole Aktion. Schallendes Gelächter am Tisch. Ich lasse mir nichts anmerken. Spiele mit. Doch am Ende der Vorführung will er den Schein immer noch nicht rausrücken. Richtiger Spitzentyp. Ich bitte ihn mehrfach höflich, dass ich den Schein für die Vorführung brauche, ihm alles egal. Am Tisch wird es inzwischen unangenehm. Als ich aufgebe und gehe, gibt er schließlich nach, auf Drängen seiner Kollegen.

WAS HAB ICH DARAUS GELERNT?

Für betrunkene Vertreter vielleicht mit kleineren Scheinen zaubern.

ICH MACH JA JETZT NUR NOCH BROTLOSE KUNST.
WEGEN DER KOHLENHYDRATE
META BENE

Bernard Hoffmeister

POETRY SLAMMER

Nach einer beliebigen Show in einer beliebige Studierenden-Stadt sagte der Veranstalter: „Ich glaube wir finden heute keinen Tisch mehr für alle; lasst uns zu uns in den Laden gehen, da können wir im Backstage in Ruhe quatschen und abhängen." Der Themen-Slam (was war eigentlich nochmal Thema?) war in einem Museum (irgendwas mit „historisch"?) am anderen Ende der Stadt und unser Veranstalter und Moderator Bogomil Klabusterkopf (Name leicht geändert) leitete unweit ein soziokulturelles Zentrum, in dem der reguläre Slam stattfand. Es war kurz vor zwölf als wir ankamen. Das dortige Konzert war lange durch und das Bier im Backstage wundersamer Weise noch nicht leer. Entspanntes Zischen und lockere Gespräche. Nett, aber kaum der Rede wert. Ein, für Slam-Verhältnisse, älterer Kollege suchte als Erster die Toilette im Backstage auf. Die Gespräche kamen unmittelbar zum Erliegen, als vom Klo ein lautes „Was machst du denn hier?!?" herüberschallte. Hatte er einen entfernten Vetter getroffen? Gab das Calma-Trio ein Comeback? Gurmel. Schweigen. Der Kollege kam wieder zu uns zurück, gedanklich etwas zerknittert. „Da hat ne Frau auf dem Klo geschlafen und als sie aufwachte, hat sie mich einen ‚Mutterficker' oder sowas genannt …?" Fast schon traurig und verzweifelte kratzte er sich am Hinterkopf. Allerdings hatte lediglich die norwegische Band „Kakkmaddafakka" an dem Abend dort ein Konzert gespielt und der Frau ging es nach einem Kaffee und ner Kopfschmerztablette auch wieder gut.

Nik Salsflausen

AUTOR

Ein Kollege hat mal was in einer Justizvollzugsanstalt moderiert und die Leute aus der Routine heraus begrüßt mit: Schön, dass ihr hier seid.

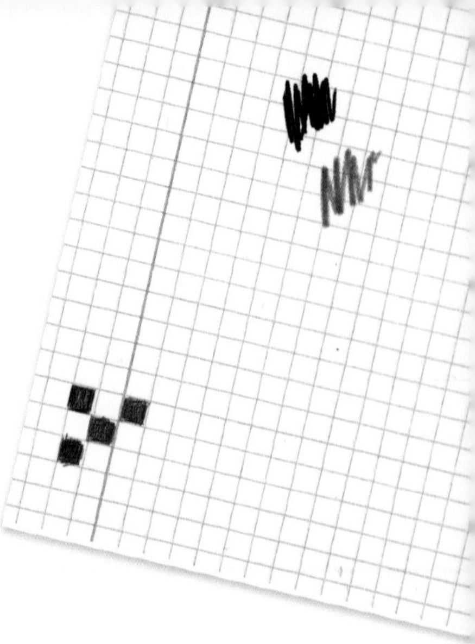

Joyboy

GITARRIST (POWER)

Großenhain (Sachsen) unter der Woche, Catering: Nudelpamps mit ungewürzten passierten Tomaten als Sauce, dazu Sterni und Leitungswasser. Die ca. 14 Anwesenden sind eigentlich nur da, um gemütlich (wie jeden Abend) am Tresen im Pöbel-und-Gesocks-Pulli Sterni zu trinken und dabei "Dimple Minds" zu hören. Im Klingelbeutel landet eine Gage von 9,72 € in kleinen Münzen, am Merchtisch wird eine CD geklaut.

Pe KRiegeR

MUSIKERIN (WITCHES)

In den 90ern hatte ich einen Gastauftritt bei einem "M. Walking on the Water"-Gig in der Zeche Bochum. Mit High Heels und Minirock bin ich ganz damenhaft am Bühnenrand entlang abgegangen, ein kurzes Stück rückwärts winkend, um dann hinter der Stage rücklings in das Schlagzeug-Case der Basedrum zu fallen. Weg war ich! Links und rechts die Beine raus. Da ich erstmal in Schockstarre überlegen musste, was mir jetzt zuerst wehtun sollte, hab ich dort verharrt, bis mich irgendwann ein paar Backliner mit fragenden Blicken umringten. Raus wäre ich da sowieso nicht alleine gekommen. Aber gut, dass man das Case nicht zugemacht hat, um es nach Mexiko zu verschiffen.

Michael Brunner

MUSIKER

Wir spielten auf einem Festival in einem slowakischen Eishockeystadion (nach allen Seiten hin offen!). Beim morgendlichen Get-In und Soundcheck im Stadion gab es für uns zunächst kein Bier! Man müsse sich noch gedulden! Das Bier sei noch „not ready yet"?! Huch?! Das war dann doch recht ungewöhnlich für diese Tour!! Bisher musste man sich eher immer vor zu viel Bier vor Vier (bzw. Auftritt) verstecken oder flüchten ... Was war denn da passiert? Waren wir etwa in Ungnade Gefallen? Wir dachten erst, die Veranstalter müssten es erst noch holen, brauen oder anzapfen? Keine Ahnung. Später war klar: Die dort stehenden „Kühlschränke" waren mit Mini-Heizlüftern zu Auftau-Schränken umgebaut. Das gefrorene Bier aus dem Getränkelager wurde erst später zum Einlass (à la minute - sozusagen) mit grossen Heizturbinen einteist und dann in den Wärme-Schränken flüssig und trinkbar gehalten.

FUN FACT:

Dem damaligen Gitarristen schmeckte das aufgetaute Bier offensichtlich dann doch soooo gut, dass er die am nächsten Tag angesetzte Platten-Aufnahme-Session in einem kleinen Privat-Studio bei Banska Bystrica fast komplett verschlief. Bis heute hat ihn, glaube ich, niemand darüber informiert, dass sein vierstündiges Nickerchen vom Rest der Band äußerst sinnvoll genutzt wurde: Seine bisher existierenden lausigen, unvollständigen Gitarrenspuren wurden fast komplett gelöscht und fix vom Rest der Band und auch dem Tontechniker nochmals etwas weniger lausig eingespielt.

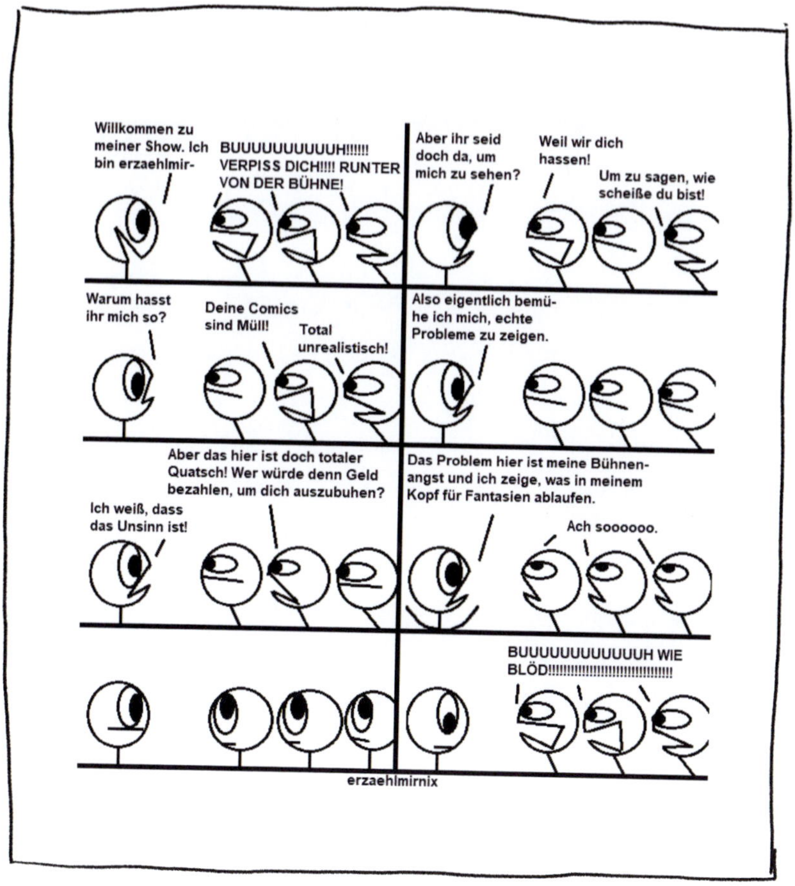

ERZÄHLMIRNIX

Joseph DeChangeman

VIDEOPRODUZENT

2016 flog ich für 1LIVE mit Daniel Danger und Mike von den 257ers nach Mallorca. Ich sollte dort filmisch festhalten, wie sie halb-ironisch versuchten, mit der Spaßsingle „Kleine Maus" den Ballermann zu erobern. Von einem vorherigen Dreh hatte ich einen Kontakt zu Jürgen Drews, dem wir dann tatsächlich spontan in dessen Restaurant den Song vorspielten und er meinte: „So scheiße, dass es schon wieder gut ist." Er versprach uns, dass wir am Abend in seiner Show in Mallorcas größtem Disco-Dings, dem Megapark, auftreten durften. Dort angekommen, ewig lange Diskussionen mit dem Betreiber sowie dem DJ, der sich weigerte, den Song aufzulegen, der Megapark hätte ja einen Ruf zu verlieren, da könnte nicht einfach jeder auf die Bühne. Hätte uns bekannt sein müssen, die weltbekannte Qualitätskontrolle der Ballermannschlager. Mike war gar nicht erst in den Megapark reingekommen, der Parkleiter ist wohl kein Fan der 257ers. Als dann Jürgen Drews endlich ankam, zog er mich mit auf die Bühne und joa, dann filmte ich eben ihn. Daniel stand währenddessen kopfschüttelnd neben der Bühne. Und wurde irgendwann aus dem Nichts von Jürgen Drews anmoderiert. Ich filmte, wie er den Auftritt seines Lebens hinlegte:

„HEY DU KLEINE MAUS,
DU HAST VOLL DEN SCHÖNEN
CHARAKTER. AUSZIEHN!
HEY, HDL UND DER REST
IST SCHEISSEGAL."

Jubel, Ekstase, Erleichterung und genug Material für ein Musikvideo und eine kleine Doku auf YouTube. Und wer jetzt sagt: Moment mal, das ist ja gar keine klassische, schlimme Bühnenstory. Wart ihr schon mal im Megapark? Anwesend und nüchtern?

Ach ja: Und der Rest ist scheißegal.

Ivan Thieme

STAND-UP-COMEDIAN

Ich bin mal in nem Wrestlingring aufgetreten, weil die Veranstalter da Wrestling mit Stand-up-Comedy verbinden wollten. Leider war offenbar nur an Wrestling interessiertes Publikum da. Schon beim beim Gang auf die Bühne wurde ich mit Buh-Rufen begrüßt, dann mit Bierbechern und 20-Cent-Münzen beworfen. „Auf die Fresse, auf die Fresse!“, haben die Leute dann skandiert. Wie gesagt, hatten wohl mehr Bock auf Wrestling als auf Comedy. Ich hab mich dann einfach auf die eine aufmerksame Person konzentriert und mein Set runtergespielt.
Zurück zu Hause hat mich meine Mutter gefragt, wie denn der Auftritt war. Gut, sehr gut, sagte ich.

Dirk Bernemann

AUTOR

Geil, geil, geil, denkt der Autor, als er auf die Zielgerade seines unveröffentlichten Lieblingstextes abbiegt. Wie Pistolenmunition peitschen seine Worte durch die Luft, um zwischen ihm und den Literaturbedürftigen vor ihm eine emotionale Verbindung herzustellen, die sich bestenfalls in Buchverkäufen nach der Lesung manifestieren könnte. Die Anwesenden hängen ihm an den Lippen, gewohnheitsgemäß ist nach diesem Text ein Applaus-inferno zu erwarten, weil die Pointen sitzen wie maßgeschneiderte Oberhemden. Der ausgedruckte Text liegt vor ihm, er weiß, die letzte Seite ist nur halbbedruckt. Er hebt die Stimme, parallel zum vorletzten Blatt, die Endorphine tanzen Mambo. Dann bemerkt er das Abhandengekommensein des finalen Druckerzeugnisses. Er versucht sich an seine schlussendlichen Formulierungen zu entsinnen, scheitert aber. Er versucht, es irgendwie mit Eloquenz zu retten, scheitert erneut. Was bleibt, ist ein halbentschuldigendes Abstottern seines Unvermögens, Ordnung in sein Zettelwerk gebracht zu haben. Abgang Autor.

Sven Rosenkötter

MITGLIED DER BAND ROSI

Ganze Band ist irgendwann nackt, Sänger pinkelt in die Hände vom Drummer, der die Pisse fröhlich ins Publikum schaufelt. Das war ein Geburtstag einer 16-Jährigen in einer Scheune. Vater kommt rein, zieht sofort die Sicherung. Bassist, komplett nackt, aber gelernter Elektriker, stapft von der Bühne, repariert alles, Band spielt weiter, Leute in der Scheune rasten komplett aus.

Gerd Schiffmeister

KONZERTVERANSTALTER

2017 habe ich es geschafft, die Hardcore-Band „Vitamin X“ aus Amsterdam in unseren Club zu holen, im Tourpaket mit „Night Fever“ aus Dänemark, zwei absolute Knallerbands, ich hatte richtig Bock. Das Konzert war an nem Montag, lief aber einigermaßen passabel von den Zuschauerzahlen her. Kurioserweise war mein Kumpel Ole, gebürtig von der Insel Föhr, mittlerweile aber auch wohnhaft in Amsterdam, zu Gast und stürzte beim Auftritt von Vitamin X schmerzhaft auf seinen Ellenbogen. Während ich am nächsten Tag den Club aufräumte, erreichten mich Nachrichten vom in meiner Wohnung seinen Rausch ausschlafenden Ole, ob ich irgendwo Schmerztabletten hätte. Mit meiner letzten Packung Ibu 800 im Gepäck stieg er ins Flugzeug nach Hause, wo ihn einige Tage später ein lokaler Arzt untersuchte, der sogar mit dem Namen der Band was anfangen konnte. Der Mediziner schloss seine Untersuchung von Oles lädierten Extremitäten mit den Worten „Congratulations, you dumb idiot. It’s broken“.

Die zweite Läsur des Abends hatte ein entfernter Bekannter zu ertragen, der sich im Moshpit ein Stück Zahn abbrach. Als ich eine Woche später die Kneipe betrat, in der er am Tresen jobbte, wappnete ich mich mit meinem charmantesten Lächeln, um etwas wie „Bitte zerr uns nicht vor Gericht" vorzutragen, doch bevor ich meinen Rand aufmachen konnte, öffnete er den seinigen, zeigte stolz auf seinen zerbröselten Schneidezahn und meinte: „GEIL ALTER, DAS IS VON MONTAG!!"

Florian Rossbach

LICHTTECHNIKER

Es gab eine Veranstaltung in Rendsburg, es war ca. 2010, an welchem ich auf der „Großen Bühne" als Lichttechniker gebucht war. Die Veranstaltung ging vier Tage und wir hatten mit allerhand lokalen Bands von morgens bis abends zu tun. Es gab keinen Stagemanager, die Bands mussten sich selbst organisieren, haben keine Gage bekommen und morgens wurden eine Kiste Bier und eine Kiste Cola in den Backstage gestellt. Das alles ist oftmals aber ja auch die Regel.

Dann, etwas später am zweiten Tag, hat sich der Veranstalter mal bei uns blicken lassen und tat ganz verwundert, als wir nach Verpflegung fragten. Er sagte: „Was? Ihr habt noch nichts bekommen, hier, mit den Bons bekommt ihr da hinten an der Bude was." Na also und danke, ich und mein Kollege vom Ton haben uns über ca. 30 Essensmarken gefreut. Ich also flux zur Fressbude, an welcher es reichliche Leckerei gab. Pilzpfanne, Gemüseirgendwas und allerlei anderes. Getränke gab es da nicht, dachte ich, „oha, dann können wir ja eine Menge futtern". Dann bestellte ich für mich und meinen Kollegen ein paar nette Sachen und legte die Bons auf den Tresen. Da schaute mich die Bardame ganz verdutzt an und fragte: „Ach, Sie sind Musiker?"
Ich antwortete: „Nein, ich bin von der Bühnentechnik."
Woraufhin sie mir antwortete: „Achso, nee, Technik kriegt nur Wurst ..."

Die 30 Würste waren lecker.

Ella Carina Werner

SATIRIKERIN

Einmal trat meine ehemalige Folkband im Kulturzentrum unserer Heimatstadt auf. Ich war schon lange nicht mehr Mitglied und nur als Zuschauerin da. Plötzlich rief der Sänger ins Mikro, die Ella sei bei der nächsten Nummer als Geigerin noch einmal mit dabei, mit der „Luftgeige". Aufbrandender Jubel. Witzige Idee, dachte ich, erklomm die Bühne und legte sofort los. Ich kann sagen, Luftgeige spielen ist keine gute Sache. Einen Arm nach vorne halten, den anderen hoch und runter bugsieren, zwischendurch auch mal den Oberkörper so slashmäßig nach hinten biegen, mehr Möglichkeiten gibt es nicht. Leider war die verdammte Folkballade fünf Minuten lang. Leider waren sämtliche möglichen Moves schon nach einer halben Minute abgefiedelt. Leider schweiften die Blicke der Zuschauer schon bald von mir weg. Immerhin habe ich nicht aufgegeben. Denn aufgeben, reumütig von der Bühne kriechen, bedeutet in meiner Heimat Westfalen den sozialen Tod.

Juicy Gay

RAPPER

Eines Abends Mitte 2018 saß ich, um mein Abitur nachzuholen, in meiner Klasse, wir hatten Italienisch-Unterricht. Plötzlich schrieb mein Booker mich an, ob ich für einen Act als Support einspringen kann, da der eingeplante Support kurzfristig ausfiel. Es war wohlgemerkt 19 Uhr und um 21 Uhr sollte ich anfangen, zu spielen. Nach Essen, Zeche Carl, waren es von meinem Standort ca. 50 km. Also hab ich das ganze durchgerechnet, meinem Booker geantwortet („Jop"), packte meine Schultasche, ging nach vorne zu meiner Italienisch-Lehrerin und sagte, ich muss los, kurzfristig meinem Job (Rappen) nachgehen. Sie sagte mir sofort, klar, dein Job geht vor! Also fuhr ich nach Essen, wurde freundlich empfangen und musste nach einem kurzen Aufenthalt in der Toilette, wonach mir der Sound Engineer das Mikrofon in die Hand drückte, direkt auf die Bühne. Der Auftritt war ein voller Erfolg und ich hatte einen aufregenden Schultag!

Roland van Oystern

MUSIKER UND AUTOR

In meiner ersten Band war ich Sänger und Texter und Gitarrist und während vier Jahren Bandgeschichte brachten wir es auf neun Auftritte. Beim achten ist es passiert. Mittendrin. Wie immer habe ich meine dummen Schrotttexte durch die Kneipe geplärrt, und beschissen gespielt haben wir sowieso. Nicht zum ersten Mal: betretene Blicke, Verlegenheitsapplaus. Aber plötzlich ist's passiert. Plötzlich! Der Moment des Bewusstwerdens: alles Mist. Alles, alles gottserbärmlich daneben und schlecht. Mir war es unauslöschlich klar. Ich wollte nur noch heim unter die Decke. Mit einem Fertiggericht und einem Actionfilm. Wie ein normaler Teenager. Die ultimative

Erlösung wäre das gewesen.
Dann riss mir eine Saite. Ich dachte: »Jetzt ist es endlich vorbei.«
Da lieh mir der Gitarrist der anderen Band seine Gitarre. Die konnte ich noch weniger spielen als meine eigene, aber wir machten weiter, einfach weiter. Und währenddessen kam ich mit mir überein: »Irgendwann gehe ich nie wieder raus. Irgendwann bleibe ich für immer drin.«

FRiedeMann Weise

SATIRIKER & FLÖTIST

Meinen schlimmsten Auftritt erlebte ich im Alter von fünf Jahren in der evangelischen Kirche in Odenspiel. Ich hatte meine Blockflöte vergessen. Die Flötenlehrerin wollte mir eine leihen, aber ich hatte damals schon Angst vor Tröpfcheninfektionen (AIDS). Zum Glück fand ich in der Küche des Gemeindehauses eine fast leere Alufolienrolle, deren inneren Pappzylinder ich als Playbackflöte nahm. Beim Konzert biss ich auf ein Stück Alufolie, das noch an der Rolle klebte. Ich schrie und alle hörten auf zu spielen.
Man hörte nur noch mich schreien. Volle dreißig Sekunden. Die darauffolgenden dreißig Sekunden hörte nur noch ich mich schreien, weil ich da schon draußen war. Ich ging immer weiter und wollte keinen mehr sehen. Sechs lange Tage lief ich immer weiter geradeaus. Bis ich wieder an dem Punkt war, an dem ich losgegangen bin. An dem Punkt bin ich immer noch.

Andre Lux a.k.a. Autobot

MUSIKER

Eine sommerliche Großveranstaltung in Tübingen, zu deren Konzept es gehörte, dass jede Gastronomie und Veranstaltungslocation sich dazu bereit erklärte, je eine*n Akustikmusiker*in in den eigenen Räumlichkeiten auftreten zu lassen. Die teilnehmenden Künstler*innen wurden den Örtlichkeiten zugelost und so fand ich mich mit meinen rumpeligen und gäggigen Liedermacher-Deutschpunksongs im nobelsten Etablissement der ganzen Stadt wieder und versuchte, ein prall gefülltes Restaurant voller reicher Arschgeigen mit meiner Schrammelmusik zu unterhalten.
Zweieinhalb Stunden waren angesetzt und so gurkte ich mich aggressiv, aber aufopferungsvoll und mutig durch meine sehr lange Setlist, kapitulierte irgendwann vor dem komplett desinteressierten Publikum und spielte dann nur noch PUR- und Peter-Maffay-Songs, die möglicherweise noch schlechter ankamen als meine eigenen Lieder. Draußen auf der zentralen Hauptbühne, die auf dem Marktplatz aufgebaut war, dröhnte übrigens ständig ein gewisser Olli Schulz dazwischen, was es mir endgültig unmöglich machte, mir in irgendeiner Weise Gehör zu verschaffen.

Nach der erledigten Dienstleistung packte ich meine Gitarre in den Koffer, in den zeitgleich von einem der Restauranttische treffsicher ein 2-Euro-Stück geworfen wurde: „Nur net alles auf einmal ausgeba!“, quäkte ein älterer Herr im grauen Sakko und mit CDU-Kommunalpolitikeraura in meine Richtung, was zu verächtlichem Gelächter aus allen Ecken des Raumes führte. Unter dem Lachen der privilegierten Gesellschaft verließ ich mit meinem Gitarrenkoffer und einem Jutebeutel voller selbstgebrannter CDs den Laden. Es fing sehr stark zu regnen an.

Frank Hörner

LEITER DES THEATERKOHLENPOTT HERNE

Ich war Anfang der 90er Jahre Schauspiel-Anfänger am Mecklenburgischen Landestheater. Wir haben das Kulturangebot aufs Land gebracht und in jedem Dorf unsere Stücke gezeigt. Jeden Tag in den altersschwachen Bus sowjetischer Fabrikation und ab in die nächste Stadt. Keine Heizung im Bus, stattdessen kratzige Decken. Wir spielten, wenn es vor Ort kein Theater gab, oft in ehemaligen FDJ-Heimen. Da waren oft kleine Bühnen integriert. Das bedeutete, dass zwischen Mensa und Tischtennisplatte ein paar Tische zusammengeschoben wurden. Und das war dann der Bühnenraum. Und in einem dieser Mehrzweck-Orte zeigten wir am Vormittag ein Stück für Schulklassen, in dem ich einen Jungen spielte, der gerade an einem Tiefpunkt seiner (bis dahin noch überschaubaren) Biografie gelandet war. Ich saß auf dem Boden, hielt einen verzweifelten Monolog, während mir Tränen die Wangen herunterliefen. Ich fand mich gerade richtig gut, als ich ein Geräusch hinter mir hörte. Eine Tür hatte sich geöffnet und jemand in Kochmontur stand im Bühnenbild. Die Tür führte anscheinend direkt in die Küche. Er war offenbar nicht besonders irritiert durch den Umstand, dass er gerade mitten auf einer Bühne stand und ihn 200 Zuschauende anstarrten. Er blickte auf mich herab und fragte: „Wie lange macht ihr noch?" Ich war so perplex, dass ich, statt ihn zu bitten, die Bühne zu verlassen, erwiderte: „So zehn Minuten." Er sah mich zufrieden an und mit dem Satz: „Dann mach ich schon mal die Bratkartoffeln", verschwand er wieder durch die Tür.

Erik Leichter

POETRY SLAMMER

Ich organisiere einen Slam im sächsischen Hinterland. Eines Tages fragt mich jemand vor der Show, ob er auch auftreten darf, er hatte heute eine Eingebung, dass das Schicksal ihn hier hergeführt hat. Es gibt schlechtere Gründe dafür, auf der Bühne zu stehen. Der Typ macht auswendig nen passablen lyrischen Text über so politische, menschliche Allgemeinplätze (Kapitalismus schlecht, Liebe gut, Umweltzerstörung schlecht). Irgendwann stockt er, schweigt und nach doch recht länger Stille meint er, es sei ziemlich schwierig, auf ACID Gedichte vorzutragen. Das Publikum ist verwirrt. Ich recht ängstlich, was noch kommt. Er erzählt noch was Unzusammenhängendes darüber, wie wichtig es ist, das große Ganze zu sehen, und geht ab, als die Zeit abgelaufen ist. Natürlich wählt ihn das Publikum ins Finale für einen zweiten Text, den er zur Hälfte schafft, abbricht und dann noch ein bisschen was über seine Magnetkunst erzählt. Er gewinnt dann zurecht. Zwei Jahre später macht er seiner Freundin beim gleichen Slam einen Heiratsantrag, sie sagt ja und jetzt haben sie drei Kinder und ein Yoga-Studio.

Waldo Karpenkiel

SCHLAGZEUGER (U.A. BEI KOLLEKTIV, BRÖSELMASCHINE & TOO FUNKY)

Frankfurt – ca. 1975/ Club Sinkkasten/ schlafen in einem kleinen Hotel/ rauche noch eine auf dem Balkon/ unter mir eine leere Straße/ schräg gegenüber eine Spielhölle/ nackter Mann mit Aktentasche verlässt das Etablissement/ schaut sich um/ verschwindet in der Nacht.

Daniel Knöpfler

SCHLAGZEUGER

Kleines DIY-Festival in Greifswald, auf der Hinfahrt am Freitag nach der Arbeit standen wir mehrere Stunden im Stau, was den Zeitplan bereits vollkommen durcheinanderwarf.
Der weitere Abend verlief an sich sehr gut, die Location war der Hammer und auf mehreren Bühnen war musikalisch für jeden Geschmack eine Menge geboten. Der Start unseres Konzerts verzögerte sich bis ca. 1 Uhr nachts (ursprünglich geplant war 22 Uhr), der Gitarrist verbrachte die freie Zeit mit dem übermäßigen Genuss von Bier. Als das Konzert dann endlich begann (nach uns spielten noch mehrere Bands), war er bereits so betrunken, dass er ständig an den Fußpedalen vorbeitrat und dadurch mehrere Einsätze verpasste, was bei ihm nach dem Konzert für sehr schlechte Stimmung sorgte. Später wollte mir die Sängerin meiner Band anscheinend etwas mitteilen, aber ich reagierte nicht, also warf sie einen Zollstock grob in meine Richtung und traf mich am Kopf.

Um ca. 4 Uhr morgens bekamen wir einen Anruf, dass wir doch bitte unsere Schlafsachen an der WG abholen sollen, in der wir genächtigt hatten, da wir uns schlecht benommen hätten (außer schlafen und frühstücken hatten wir nichts in der WG gemacht).
Mit Kopfschmerzen, betrunkenen Fahrern und ohne Schlafplatz harrten wir noch ein paar Stunden am Bus aus, bis die Sonne aufging. Wir tauschten, als Fahrer 1 beinahe auf der Autobahn einschlief. Sonntag Nachmittags kamen wir todmüde und verkatert wieder in Stuttgart an. Die Busmiete überstieg die Gage im Nachhinein um ein Vielfaches und die Reste unseres Frühstücks wurden uns auch nicht mehr zurückgegeben.

Olli Bockmist

MUSIKER

Ich weiß nicht mehr das Jahr, aber es war auf einem Punk im Pott. Ich war damals Drummer bei den Abstürzenden Brieftauben und wir sollten irgendwie gegen 22 Uhr spielen. Wir hatten ein sehr erfolgreiches Jahr hinter uns und haben das zum Anlass einer Abschlussjahres-Party genommen und uns auf der Hinfahrt schon furchtbar betrunken. Wir sind gegen 16 Uhr auf das Gelände gekommen und ich hatte schon sechs Halbe getrunken. Bis zum Auftritt waren es noch sechs Stunden und irgendwie hab ich vergessen, nüchtern zu werden. Ende vom Lied war dann, dass ich überhaupt nix mehr mitbekommen habe und den Anfang des Konzerts nicht richtig mitbekommen habe, und den ersten Song einfach abgebrochen habe, weil ich dachte, wir machen noch Soundcheck.

So ging der Auftritt auch weiter, ich bin zwischen den Lieder an den Bühnenrand gegangen, um mich mit Dominik von den Chefdenkern zu unterhalten. Ich wusste keinen Text mehr, konnte kaum noch stehen und war tierisch müde und wollte mich nur noch hinsetzen, aber nicht hinters Schlagzeug. Da das alles keinen Sinn mehr machte, hatte man dann Mitleid und mich ins Hotel entlassen. Ich bin dann für 40 € mit dem Taxi ins Hotel gefahren, was zu Fuß zwei Minuten entfernt war. Lol, naja.

JOHANNA VAN DEN HÖVEL

Kilian Mohns

TECHNIKER

Nach einigen Jahren als Haus-und-Hof-Techniker im JuHa West in Stuttgart habe ich die Hardcore-Punk-Metal-DIY-Underground-Szene auf jeden Fall lieben gelernt, auch wenn ich mich zwischen Musikern, die überall im Raum, nur nicht auf der Bühne stehen, und Sängern, die, nachdem sie gerade Neonröhren mit dem Mikrofon von der Decke geschossen haben, das Publikum, auf das die Scherben rieseln, mit den Worten „Don't you fucking breathe!" anschreien, immer auch ein bisschen wie ein Kultur-Tourist fühle. Meine schönste Erinnerung ist aber die Black-Metal-Band (keine Garantie für korrekte Sub-Genre-Angabe), die gerne ganz im DIY-Sinne überhaupt kein Licht im Raum haben wollte, weil sie selbst eine Nebelmaschine und ein paar Strobo-Lampen dabei hatte, die zu ihrer von vorne bis hinten Clicktrack-gesteuerten Show perfekt getimtes Blitzgewitter ablieferten. Das lief auch soweit gut, mit dem einzigen Problem, dass der Gitarrist, der zu Beginn der Show die Aufgabe hatte, die Nebelmaschine anzuwerfen, leider mangels Licht auf der Bühne den Schalter während Show nicht mehr fand, um den Neben auch wieder abzuschalten. Nach ca. 20 Minuten musste die Band das Konzert leider abbrechen, weil der Raum so dermaßen zugenebelt war, dass sie selbst nicht mehr klarkamen.

Joachim Hiller

CHEFREDAKTEUR VOM OX FANZINE

Interview mit J Mascis (Dinosaur Jr.) vor 15 Jahren oder so in Köln. Ich: lange, eloquente Fragen. Er immer nur, nach gefühlt minutenlangem Nachdenken: Yeah, I don't know ... – gefolgt von Schweigen.

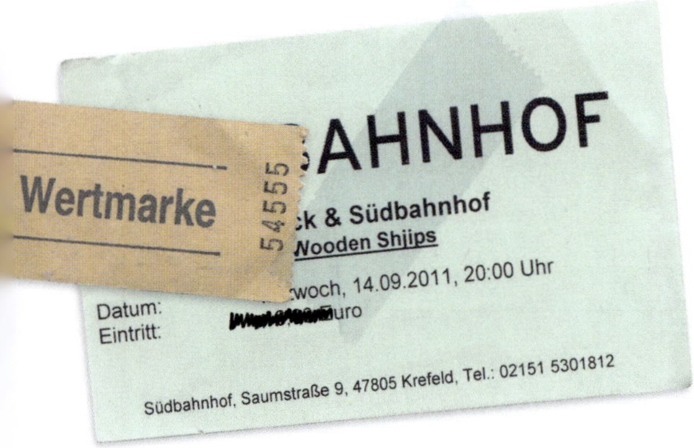

Sandra Da Vina

AUTORIN

Sollte in Weingarten bei Ravensburg auftreten. Bin nach Weingarten in die Schweiz gefahren. Der Ort bestand nur aus einem Kuhstall. Habe meinen Irrtum dann bemerkt.

Ralf Nowack

HOLY GOAT RECORDS

Ein Abend auf der Tour mit Blank und Sunlun vor sieben oder acht Jahren in Lausanne. Das Konzert fand in einer Art AZ in Lausanne selbst statt, war erstaunlich gut besucht und wohl das, was man einen vollen Erfolg nennt. Nach der Show, auf der zumindest die Veranstalter kannenweise Pilztee in sich geschüttet hatten, fuhren wir noch einige Kilometer zu den Pennplätzen in einer heruntergekommenen Villa am Stadtrand. Wir wurden freundlich von unseren Gastgebern begrüßt und umgehend darauf hingewiesen, dass es ein Problem mit den Toiletten gäbe und für das große Geschäft unter keinen Umständen die Toiletten im ersten Stock benutzt werden dürften. Das hing irgendwie mit einer bis zum Überlaufen gefüllten Sickergrube zusammen. Alle nickten verständnisvoll, packten ihre Schlafsäcke und trotteten ins Innere der Villa. Nach einer kurzen Hausführung gelangten wir zum Schlafsaal, in dem es zur allgemeinen Begeisterung eine Zapfanlage gab, die bis zum Schlafengehen ausgiebig auf ihre Funktionstüchtigkeit geprüft wurde. Am nächsten Morgen kam der Schlagzeuger von Sunlun hektisch in den Schlafraum gestürmt und drängte darauf, SOFORT einzupacken und loszufahren, SOFORT, die Umstände würden keine Verzögerung zulassen. Er hatte natürlich die falsche Toilette benutzt und ehe irgendwer begriff, was geschehen war, saßen wir wieder im Bus und rasten mit quietschenden Reifen davon. Im Rückspiegel sahen wir, wie halb Lausanne von einer gigantischen Kotwelle weggespült wurde.

Laura Karasek

MODERATORIN & AUTORIN

„Ein Herz für Kinder" ist eine seriöse Veranstaltung, die live im Zweiten Deutschen Fernsehen übertragen wird. Es geht darum, Spenden für Kinder in Not zu sammeln, moderiert von Johannes B. Kerner. Viele echte Prominente und Weltstars sind jedes Jahr dabei, um zu helfen. So zum Beispiel Robbie Williams. Aber auch Barbara Schöneberger, Matthias Schweighöfer, Elyas M'Barek, Florian Silbereisen, Helene Fischer, die Klitschko-Brüder, Boris Becker.
Sie verstehen. Gut.
Nun aber komme ich ins Spiel: ich war eingeladen, dort als Patin und Telefonistin Spenden entgegenzunehmen. Das mache ich gern, denn ich mag Kinder und ich mag gute Zwecke und ich mag Aftershowpartys. Der Auftritt der Patinnen und Paten sollte am Nachmittag geprobt werden. Die echten VIPs (und ich und ein paar andere Umlaut-Promis) reihten sich also hinter der Bühne auf. Jeder Promi sollte mit einem weiteren Promi und einem Kind an der Hand auf die Bühne gehen und dort würdevoll stehen bleiben. So weit, so gut. „Haben das alle verstanden?", fragte die Aufnahmeleiterin. Jaja, das verstanden wir, wir sind doch Vollprofis und keine Amateure. Sowas musste sie doch uns Medienexpertinnen und Mitarbeitern, ja, Gesichtern (!) der Unterhaltungsindustrie nicht extra erklären. Ein Kind an die Hand, Kind in die Mitte, Johannes B. Kerner moderiert uns an, ruft unsere Namen auf und zack: Schon stehen wir auf der Bühne, zur Primetime, um 20.15 Uhr im ZDF. Das sollten wir hinkriegen, haha, wir tummelten uns hinter der Bühne und ich fragte schon mal vorlaut, ob ich vor der Probe noch eine rauchen könne.
Ich hielt diese „Probe" ohnehin für überflüssig. Außerdem begab ich mich hinter der Bühne auf die Suche nach einem Schluck Wein – es war schließlich auch irgendwie ein Fest und bereits nach 18 Uhr.

Hinter einem Tresen fand ich eine Flasche Wein, die eigentlich für die Aftershowparty vorgesehen war, also nicht nur die: Keine Sorge! Da wurde nicht etwa gespart.
Ich griff zu einer der Flaschen und fand ein 0,4 l Limonadenglas, das ich mit dem guten Tropfen befüllte. Anscheinend war während meiner Weinsafari die Probe losgegangen und Johannes B. Kerner hatte begonnen, die Namen der Prominenten aufzurufen, die nun zu Galamusik und Scheinwerferlicht die Bühne betreten sollten. Ehrfürchtig, glanzvoll, ergriffen. Schließlich war das hier eine Spendengala, Dresscode: Blacktie. Die Männer im Smoking, die Frauen in funkelnden Schichtröcken. Ich war noch nicht umgezogen, aber es war ja auch erst Probe. Ich nippte an meinem Glas und freute mich, wenn ich unter den Patinnen und Paten jemanden traf, den ich kannte. Schließlich war ich neu in dieser Unterhaltungsindustrie und kein alter Showhase, insofern stand ich zwischendurch etwas verloren rum und trank verlegen aus meinem Glas, um meine Unsicherheit zu verbergen.
Wer trinkt, muss keinen Smalltalk machen. Und es war ja schließlich auch niemand da, der mit mir Smalltalk machen wollte.

„UND NUN BITTE ICH AUF DIE BÜHNE:
JÖRG WONTORRA MIT LAURA!“

hörte ich einen der bekanntesten Moderatoren Deutschlands ins Mikrofon rufen. Das war mein Stichwort! Nichts wie raus. Ich bins, die Laura. Für mein Glas fand ich keinen Abstellort mehr, also hielt ich das Kind an der einen, das Glas in der anderen Hand und Jörg Wontorra
lief schon Richtung Rampenlicht, so dass ich, um Schritt zu halten, etwas schneller die Showtreppe hinauf „hoppeln“ oder sagen wir mindestens: „hasten“ musste.
Der Wein schwappte aus dem Glas, Jörg war ein flinker Fuchs, das Kind zerrte an meiner Hand und plötzlich

tippte mir jemand auf die Schulter. „Ähm, Entschuldigung, ich glaube, dass ich gemeint war. Ich bin LAURA Wontorra!“ Nun, es war nicht zu leugnen, dass es sich bei der Person, die versuchte, mich von meinem großen Auftritt mit Jörg Wontorra abzuhalten, um genau jene „Laura Wontorra“ handelte. Und es war weiterhin nicht zu leugnen, dass es sinnvoller erschien, wenn Jörg Wontorra MIT seiner Tochter Laura die Bühne betrat als mit – sagen wir mal: mir. Ich nickte also demütig und überließ Laura die Hand des Kindes, die Bühne und den Auftritt. Mein Weinglas schwappte noch einen letzten Tropfen auf die Showtreppe und ich reihte mich wieder hinten ein, dort, wo alle Prominenten standen und auf ihren Auftritt warteten. „Hi, I'm back!“ Ich zuckte verlegen mit den Achseln, nahm einen großen Schluck und sah aus wie ein Kind, das im Schwimmbad auf den 5-Meter-Turm geklettert ist und wieder herunterklettern muss, allen Hinaufkletternden seinen Po entgegenreckend. Ich war dann später an der Reihe, mit Nico Rosberg. Der sich, soweit ich das erkennen konnte, als Partnerin lieber Laura Wontorra gewünscht hätte, die er wenigstens kannte und mit der er hinter der Bühne bereits gescherzt hatte. Mit mir wusste er nichts anzufangen. Und ich war natürlich auch eine Wackelkandidatin nach meinem verpatzten Einsatz. Aber ich hielt sein Tempo, wir überstanden die Probe und ich freundete mich am Ende des Abends mit Laura Wontorra an.

190

Übrigens, wenn Sie wissen wollen, wie Sie sich auf dem roten Teppich bei so einer Veranstaltung fühlen, wenn kurz vor Ihnen Robbie Williams und direkt nach Ihnen Thomas Gottschalk ankommt – fragen Sie mich: Es ist demütigend.

Daher ein

KLEINER LIFEHACK FÜR IHR VERHALTEN AUF DEM TEPPICH:

Wenn Sie kein A-Promi sind, treten Sie schnell ab, sonst werden Sie nämlich für eine kurze Sekunde in den Genuss des Ruhms kommen, um danach mit voller Wucht ihre eigene Mickrigkeit zu spüren zu bekommen. Sie betreten den Teppich, die Fotografen fragen sich, wer Sie eigentlich GENAU sind, aber irgendwie kommen Sie den Paparazzi schon bekannt vor, einer ruft vielleicht sogar „LARA" (Sie denken noch, dass Sie Laura heißen, aber egal). Sie posieren, winkeln das Bein an, lächeln süß, kurz blitzt es, Sie werden abgelichtet – zumindest solange Sie allein auf dem Teppich stehen –, aber sobald jemand den Red Carpet betritt, der berühmter ist als Sie (was nicht schwer ist) oder mehr Follower hat, eine tollere Hochsteckfrisur oder lustigere Schuhe an, wenden sich alle Kameras von Ihnen ab und Sie stehen plötzlich allein im Dunkeln und werden schließlich noch von einem Kamerateam umgerannt. Sie lächeln noch immer süß und winkeln noch immer lasziv das Bein an – aber keinen interessierts. Nirgends bläst einem der Wind der Hierarchie der Prominenz stärker entgegen als auf dem roten Teppich. „Laura, wir hätten die Palina jetzt echt gern mal allein! Tritt mal zur Seite! Alleine, alleine!"
Und dann stehen Sie da, Ihre Handtasche baumelt an Ihrem Arm und Sie tapsen – vor den Augen der gesamten Presse und Prominenz – über den noch mindestens sechs Meter langen Teppich, bis Sie endlich die Party betreten und frei sind.

Björn Högsdal

POETRY SLAMMER & VERANSTALTER

Anfang der 2000er nahm ich an einem Poetry Slam teil, der von Menschen organisiert wurde, die nicht so richtig Ahnung hatten. Da war eine Dame in der Jury, die jeden einzelnen Beitrag mit der schlechtesten Wertung, also 1 von 10 Punkten, bewertete.
Nach neun Teilnehmerinnen und Teilnehmern wurde die zehnte Kandidatin aufgerufen, bei der es sich zur Überraschung der anderen um genau dieses Jurymitglied handelte. Sie ging auf die Bühne, trug irgendetwas vor, ging zurück an ihren Platz und hielt für sich selbst die Höchstwertung, eine 10, hoch. Die Veranstalter ließen es durchgehen.

thomas tegelhütter

VERANSTALTER "HEADBANGERS OPEN AIR"

Im Jahr 1998 stand das Fest kurz vorm Abbruch: Buschi, der Sänger von Paragon, bekam beim Soundcheck bei jedem Mikrokontakt einen fetten Stromschlag auf die Lippe, nach längerem Suchen kam der Techniker/PA-Verleiher zu mir und meinte, *

BjöRn MeyeR

SCHAUSPIELER

Eine meiner skurrilsten Bühnenerfahrungen ereignete sich am Schauspielhaus in Frankfurt: Wir spielten Iphigenie auf Tauris und die Inszenierung gehörte eher in die Abteilung „Hurz und Kunst". Das Bühnenbild bestand aus einem Wasserbecken in dem wir in signalroter, enger, sehr enger Badeklamotte schrieen, kämpften und schwiegen. Nachdem wir am Anfang zehn Minuten das Publikum anstarrten, ohne zu sprechen, verließ die Hälfte der ZuschauerInnen stöhnend den Saal. Später brüllte ich als wiederauferstandene Hirschkuh auf altgriechisch in die restlichen, ratlosen Gesichter. Ein Zuschauer skandierte erschreckend laut: „So ein Schwachsinn, meine armen Steuergelder. Das ist nicht mein Goethe!" Nach einer kurzen Diskussion mit einzelnen, aufgebrachten ZuschauerInnen konnten wir dann weiterspielen. Immerhin hat es der BILD-Zeitung gefallen, denn sie beschrieb den Abend wie folgt: 75 Minuten belanglose Scheiße.

*

wir hätten hier „schlechten Strom", er müsse alles wieder abbauen, Konzert fällt aus …
Wir haben natürlich weitergesucht und am Ende war es nur eine defekte 3er-Steckdose auf der Bühne …

Donnie O'Sullivan

MODERATOR UND "STAND-UP-COMEDIAN"

Ich hab mal ein Date zu einer Open-Mic-Show eingeladen und an dem Abend komplett gebombt. Ich hatte einen Blackout auf der Bühne und die einzelnen Bits, die mir dann doch noch eingefallen sind, kamen überhaupt nicht an. Es half auch nicht unbedingt, dass ich im Vorfeld mehrfach zu ihr meinte, ich sei ein „ganz guter“ Stand-up-Comedian. Zudem waren bei der Show (im Mastul in Berlin Wedding) nur sieben Leute gekommen. Das Bier mit ihr an der Theke danach war mehr als unangenehm und der Abend endete mit ihren Worten:

DU, ICH GLAUB ICH GEH MAL LIEBER NACH HAUSE JETZT.

SNAKEUBOWSKI

MC Smook

RAPPER

NÜRNBERG, ANFANG JANUAR 2016,

Start der großen Glo-Up-Dinero-Gang-Tour mit Money Boy namens „Auf die harte Tour". Ich beginne in der ausverkauften Halle mit meinem gewohnten Vorprogramm. Die Menge grölt „Koooola mit Ice" mit oder grindet mit mir auf Delphinen. Nice. Zuvor habe ich mir vor lauter Vorfreude auf die anstehende wilde Zeit einige alkoholische Getränke im Backstagebereich in den Korpus reingefahren, was, allerseits belegt, der größte Fehler bei jedem Tourstart ist. NICHT DIREKT AM ERSTEN ABEND ZU VIEL TRINKEN. Ich denke sogar an diesen Grundsatz und bin mir sicher, dass mein folgendes Missgeschick nur bedingt mit zu starkem Alkoholkonsum zusammenhängt. Ich wäre ohne den Einfluss von Wodka, Whiskey und Bier sicherlich vorsichtiger gewesen, das ist klar. Aber nüchtern bin ich manchmal auch ein Tollpatsch.

Zurück zum Konzert: Der Nächste aus der Gang spielt vor dem angeheizten Publikum, ich glaube, The Ji oder Spinning 9 ist es. Einer von beiden steht auf jeden Fall auf der Bühne und einer von beiden schaut vom DJ-Pult aus zu.

Hinter dem Pult ist ein großer schwarzer Vorhang, der das Bühnenende kennzeichnen soll. Ich möchte auch die schöne Sicht auf die Show vom DJ-Pult aus genießen und gehe auf die dunkle Bühne bis ich am dunklen Vorhang angekommen bin. Wir amüsieren uns über die Show und ich habe Lust, noch mehr zu trinken, da mein Job bis auf paar Feature-Parts in Money Boys Hauptprogramm erledigt ist. Um nicht die Show zu crashen und die Aufmerksamkeit auf mich lenken zu wollen, möchte ich hinter The Ji (oder halt Spinning 9) am DJ Pult vorbeigehen, doch vergesse und übersehe, dass dort ja das Bühnenende ist – RUMMS!!! Ich falle 1,5 Meter runter vom Hinterteil der Bühne, lande mit meinem Kopf auf einer Leiter, die mich irgendwie leicht abfedert und komme vor allem mit meinen Beinen zuerst auf den Boden auf. Ich spüre leichte Schmerzen, aber das Adrenalin lindert den Schmerz. Unser Tourmanager (und sogar auch gelernter Krankenhelfer) kommt direkt zu mir und fragt, ob alles okay sei. Ich fange an, zu lachen, er fängt an, zu lachen. Ich sage: „Nochmal Glück gehabt, ist ja nichts Schlimmes passiert" und bin ziemlich erleichtert und zufrieden mit meiner kuriosen Landung. Doch genau in diesem Moment sehe ich seinen besorgniserregten Blick auf mein weißes Shirt. Alles voller Blut. Ich habe einen großen Cut im Hinterkopf von der Leiter bekommen, die mich doch leicht abfedern ließ. Um schnell zur Ambulanz zu gelangen, muss ich blutüberströmt über die Bühne laufen, wo gerade The Ji (oder Spinning 9) seine Show spielt. Ein ziemlich peinlicher Moment für mich. Ich merke, wie die Crowd lauter wird, da ich an ihnen vorbeilaufe. Jetzt sehen viele hunderte Menschen, dass ich gerade einen Unfall hatte. Dieser Gedanke erniedrigt mich. Ich werde ins Krankenhaus gefahren, auf Gehirnerschütterung gecheckt (zum Glück keine Gehirnerschütterung) und muss zwei Stunden im Nürnberger Krankenhaus alleine auf meine örtliche Betäubungs-OP am Hinterkopf warten. Die anderen spielen gerade die Show weiter. The show must go on. Selten habe ich mich so einsam gefühlt, aber ich bestand darauf, mich eben alleine behandeln zu lassen und dann wieder zur Show zu kommen. Als ich dann endlich im Krankenhaus aufgerufen werde, wird meine Laune direkt besser. Der Chefarzt und seine Helfer:innen sind cool & nice. Ich erzähle ihnen, wie alles passiert ist, und der Chefarzt behauptet, dass er stolz darauf sei, nach der Sängerin Pink (die nach einer „Wetten, dass ... ?"-Show ins Nürnberger Krankenhaus musste) einen weiteren Weltstar verarzten zu dürfen. Während ich mit vielen Stichen meinen Kopf zugenäht bekomme, machen die Helfer:innen Musik von mir über YouTube an. Die leicht ironische und humorvolle Stimmung heitert mich wieder auf und ich fahre mit dem Taxi zurück zur Location. Die Sause ist schon zu Ende, als ich ankomme.

Ich spiele in den Folgetagen noch bei zwei weiteren Tourstops mit und gönne mir aufgrund von zu starken Schmerzen bei lauter Musik sowie zu wenig Schlaf eine mehrtägige Pause. Die restlichen sechs Shows der Tour spiele ich dann ganz brav und jederzeit nüchtern wieder mit und erfreue mich daran, dass ich nirgendwo auf Twitter-Mentions aus Nürnberg lese, wie ich doch blutüberströmt über die Bühne gegangen bin. Hatte wohl doch keiner mitbekommen bei der Dunkelheit im Raum und wenn, dann scheint es niemanden interessiert zu haben.

Danke dafür, Nürnberg

Cornelius Gebert

SCHAUSPIELER

In meinem ersten Monat am Theater als junger Schauspieler spielte ich eine Rolle in dem Stück "Amadeus" (ja, es handelte von DEM Wolfgang Amadeus Mozart). Ich muss gestehen, ich war bei der Premiere sehr, sehr aufgeregt. Etwa fünf Minuten nach Stückbeginn sagte ich statt des eigentlichen Satzes "Mozart ist da!" im tiefsten Brustton der Überzeugung leider den Satz "Mozart ist tot!". Ich schaute in zutiefst irritierte bis entgleiste Gesichter meiner Kolleg_innen; ich war mir aber keines Fehlers bewusst. Der quicklebendige Mozart hinter der Bühne war mehr als ratlos. Letztendlich haben die Kollegen_innen mich durch ihre Improvisationen zum Glück gerettet.

Tamara

BASSISTIN

Die Wegbeschreibung zur Location in Graz: das Haus mit dem verschimmelten Dach. Unsere Vorfreude war groß und die Erwartungshaltung entsprechend. Wir wurden nicht enttäuscht, am Mischpult eine Person in anderen Sphären, welche Spaß hatte, lustige Knöpfchen zu drehen. Der Veranstalter ließ sich als krönenden Abschluss zu später Stunde noch nackt – Pimmel voran – über den Boden schleifen.

Jasmin Sell

POETRY SLAMMERIN

Vor meinem Text fragte ich, wer im Raum Single ist. Eine Hand ging hoch. Ich: "Toll, dann ist für Dich dieser Text." Sie stand auf, zeigte mir den Mittelfinger und ging raus.

Waldo Karpenkiel

SCHLAGZEUGER (U.A. BEI KOLLEKTIV, BRÖSELMASCHINE & TOO FUNKY)

Berlin ca. 1982/ Club Quartier Latin/ nach dem Soundcheck Essen in der Clubkneipe/ Schäferhund schläft vor der Theke/ in der linken Ecke Vogelkäfig mit Papagei/ lautes Bellen/ mein Kommentar zum Wirt: „Oh, der Papagei hat gebellt!?“ Wirt: „Das ist noch gar nichts“/ geht zum Käfig/ hebt die Arme zum Dirigat/ Papagei singt auf Kommando „Das ist die Berliner Luft,Luft,Luft,... “

Shahak Shapira

COMEDIAN

Ich war im Mad Monkey Room in Berlin. Das ist ein relativ neuer Comedy-Club für die alternative Stand-up-Szene in Prenzlauer Berg, als ich noch Stand-up auf Deutsch gemacht habe, war ich da mehrmals in der Woche, um Material zu testen. Ich habe am besagten Abend bei einem Open Mic an einer Nummer über Terror gearbeitet und die fängt damit an, dass ich erzähle, wie ich in Israel während der zweiten Intifada aufgewachsen bin und auch, dass mein Großvater von Terroristen ermordet wurde: Er war nämlich Kurzstrecken-Läufer in Israel in den Fünfzigern und ist dann als Cheftrainer der Leichtathletik-Mannschaft in die olympischen Spiele in München 1972 angereist, wo er mit zehn anderen israelischen Athleten von arabischen Terroristen entführt und letztendlich ermordet wurde. Ist super Ausgangsmaterial für Comedy, ich weiß. Jedenfalls werde ich, während ich erzähle, wie mein Großvater umkam, von einem jungen Mann in der ersten Reihe gehecklet (*Anm. der Herausgeber: jmd. bewusst störend dazwischenrufen*). Er hatte eine Hornbrille und eine Jeansjacke mit vielen Buttons, ich meine, sogar einen Antifa-Button gesehen zu haben. Er schrie einfach aus dem nichts:

„ISRAEL MACHT AUCH TERROR!!!“

und zwar so laut, dass ich es nicht ignorieren könnte, selbst wenn ich wollte. Der Raum wird sofort still und alle fühlen sich unangenehmen. Ich freue mich natürlich. Das ist das Ding mit Zwischenrufern: Das sind Menschen, die egozentrisch genug sind, um einem Raum voller Menschen die Show zu versauen, nur damit es um sie selbst geht, aber egal, was sie sagen, und egal, was es mit der Stimmung im Publikum macht: ICH werde eine gute Zeit haben! Ich gehe also direkt auf den Typen ein und frage, ob er ausführen möchte, welche terroristischen Anschläge der israelische Staat bisher verübt hat. Er schweigt und starrt mich böse an. Ich frage, ob er die Aktionen von Israel für eine gute Rechtfertigung dafür hält, elf israelische Athleten zu ermorden, weil ich finde Amerika manchmal doof, aber ich lasse Bruce Darnell trotzdem in Ruhe. Er schweigt weiterhin. Ich habe mittlerweile den Raum verloren, das Publikum fühlt sich so unangenehm, dass sie auf mich sauer sind und wollen, dass ich weiter Witze erzähle. Das ist nicht weiter schlimm für mich, ich fokussiere mich weiter auf Mini-Ken-Jebsen und bemerke, dass neben ihm eine junge Frau sitzt und ihr Gesicht in ihre Hände vergraben hat. Ich frage also: „Ist das deine Freundin?", er bellt: „Ja", ich freue mich innerlich. „Aber nicht mehr lange, glaube ich" – das ist so eine Aussage, die wirft man quasi wie ein Netz ins Wasser und guckt, was man fängt! Er antwortet: „Nein, wir lieben uns!", was eine herrlich defensive Reaktion ist und genau das Richtige, wenn du ein schadenfreudiger, kleingeistiger Comedian bist. Ich frage die Frau, ob bei ihr alles gut ist, sie schaut zu mir auf und sagt: „Es tut mir so leid! Aber er ist kein Antisemit, ich habe sechs Monate Judaistik studiert!", was die lustigste Variante von „Ich bin kein Antisemit, meine besten Freunde sind Juden!" ist, die ich bisher gehört habe. „Ich versuche, es ihm immer wieder zu erklären, aber er hört mir einfach nicht zu!" – „Siehst du, es läuft nicht gut, digger", sag ich zu Ken. Der Raum ist mittlerweile tot. Niemand will dort sein, aber gehen können sie auch nicht – bisschen wie eine Geiselnahme in den olympischen Spielen, sage ich ins Mikro. Das finden die nicht lustig. Ich schon. Vielleicht bin ich also doch ein israelischer Terrorist.

Ich versuche, den Raum wiederzubeleben, das klappt nicht wirklich. Ich krieg irgendwann das Licht und gehe runter und ich bin ein bisschen enttäuscht, weil letztendlich hätte ich gerne das Publikum wiederbekommen. Manchmal ist Comedy einfach auf die Bühne gehen, sich ein Grab schaufeln und sich selbst wieder rausholen, aber es es gibt immer das Risiko, dass man unter der Erde bleibt. Am Ende der Show kommt aber ein anderer Zuschauer auf mich zu und sagt: „Ich saß direkt neben den beiden und sie war so sauer, sie hat gerade mit ihm Schluss gemacht!" Ich weiß, es ist nicht besonders erwachsen, sich über eine gescheiterte Beziehung zu freuen, aber ich bin im Prinzip nur ein Sammlung von Komplexen mit einem Mikrofon.

Selina Seemann

POETRY SLAMMERIN

Nach einem Auftritt bei einem Poetry Slam in Mölln stand ich noch mit meinen Kolleg:innen zusammen am Bühnenrand. Eine ältere Frau kam auf uns zu und sagte an die Gruppe gewandt: „Hey, vielen Dank für den tollen Abend!“, dann drehte sie sich zu mir und sagte: „Und dir wollt ich noch was sagen. Ich fand echt alle Texte richtig toll, aber deinen fand ich besonders beschissen“ und ging.

Nuggele

SÄNGER (WÄRTERS SCHLECHTE)

1998 – in einem Jugendhaus nahe Düsseldorf. Der Sozi ist da, der Veranstalter nicht. Schlecht besuchter Gig. Nach dem Gig keine Kohle, keine Pennplätze. So lange, bis ich ausgerastet bin und anfing, den Laden auseinanderzunehmen. “Jetzt langts mir!”, brülle ich wütend und immer noch mit meinem ausgebreiteten Schlafsack in der Hand stürme ich durch die Tür und schlage alles kurz und klein. Fünf Minuten später: Sozi gibt uns das Spritgeld.

Florian Wintels

POETRY SLAMMER & MUSIKER

Nach einem ausverkauften und sehr guten Poetry Slam in Siegen stand ich mit meinen Kolleg*innen am Büchertisch und bot mein Geschriebenes feil. Ein bebrillter Mann sah sich nacheinander unsere Werke an und blieb zum Schluss vor meinem stehen. Er blätterte ein wenig und ich witterte ein Tauschgeschäft, nach welchem ich um 3,50 € reicher sein würde. Ich hatte meinen Gewinn bereits verplant, da legte der Mann mein Buch nieder, nickte, sah mir tief in die Augen und sagte: „Ich hasse Poetry Slam." Dann ging er weg.

RobeRt

STAGEMANAGER

Kurz vor seinem Auftritt bei "Rock im Park" war Carlos Santana hinter der Bühne und wollte auf die Treppe zur Bühne hoch. Ich stand ebenfalls am Bühnenaufgang. Von oben kam ein Kollege runter, den ich länger nicht gesehen hatte, ich rief freudig seinen Namen ("Zorro!") und breitete meine Hände zur Umarmung aus. Dummerweise stand Carlos Santana halblinks hinter mir und wurde dadurch Sekunden vor seinem Auftritt ordentlich geohrfeigt. Zum Glück hatte er die Situation mitbekommen und mit einem Lachen kommentiert. Also alles gut. Aber wer kann das schon von sich behaupten: Carlos Santana eine geschmiert zu haben. Ich, unfreiwillig, schon.

DAS KRITZELT

Yvy Pop

SÄNGERIN (U. A. MONDO SAGUE)

Für eine Punkband sind wir viel zu pünktlich (wir kommen aus Stuttgart). Wir parken den Bandbus am frühen Nachmittag vor dem AK47 in Düsseldorf. Der Veranstalter ist nicht da, Plakate nirgends zu entdecken. Nur zwei etwas abgehalfterte Punks an der Theke – und die wissen nix von einem Konzert. Ein zotteliger Einheimischer, der hinzukommt, weiß zumindest, dass der Veranstalter polizeilich gesucht wird und wahrscheinlich gar nicht mehr auftauchen wird. „Ihr seid die Bambams? Ja, also, die Plakate …", erinnert er sich, verschwindet und kommt wieder. „Haben wir doch nicht aufgehängt, waren uns zu sexistisch. Hier, könnt ihr wieder mitnehmen." Er drückt uns die Rolle in die Hand. Kurze Stille, wir werfen uns fragende Blicke zu. „Dann bauen wir mal auf." – „Ja, also der Techniker ist noch nicht da, kommt aber bestimmt noch." – „Hm, na gut, dann essen wir eben zuerst." – „Ähm, achso der Caterer is' auch noch nicht da. Aber da vorn is so'n Café, vielleicht ham die was zu essen." Das Café hat tatsächlich offen, zu essen gibt's nur schleimige TK-Aufback-Baguettes mit Speck. Ich trinke eine nicht minder schleimige warme H-Milch. Zurück im AK47 steht ein Eimer mit einem Lappen auf der Theke. „Wir haben doch was zu essen – Kartoffelsalat." Er deutet auf den Eimer. Meine Bandkollegen lehnen höflich ab. Die zwei Punks an der Theke bekunden Interesse am Kartoffelsalat, mein Hunger auch. „Na klar", sag ich, „lass teilen!" Da es leider auch kein Besteck gibt, greifen wir beherzt zu dritt in den Eimer. Es schmeckt nicht halb so schlimm, wie es aussieht. Nur die schwarzen Fingernägel meiner

Mitesser erzeugen bei mir ein vorzeitiges Sättigungsgefühl. Dann heißt es warten. Wir bauen stoisch Schlagzeug und Instrumente auf der winzigen Bühne auf, als ein Typ im Clownskostüm auf uns zukommt. Er sei der „Sound Engineer". Kabel und Mikros gibt es heute leider keine. Ob ich auch ohne Mikro singen könnte. Klar, versteht man halt nix. Dann zieht er eine Handpuppe aus der Tasche und beginnt, sich mit ihr angeregt zu unterhalten. Bis 23 Uhr finden sich drei betrunkene Punks und ein junger Skin vor der Bühne ein, wir entscheiden, einfach mal loszulegen. Der Sound ist Matsch und ich schrei in ein Mikro, das kein Kabel hat. Aber die vier Konzertbesucher johlen ausgelassen und der Clowntechniker tanzt mit seiner Handpuppe. Nach der letzten Zugabe reicht uns einer der Punks einen Pappbecher mit 27 Pfennig drin. „Haben wir für euch gesammelt." Wir nehmen die Gage sichtlich gerührt entgegen. An der Theke kauft er sich dann noch zwei Bier für den Heimweg.

Wir bauen ab, während der Raum sich vollends leert. Ach du Sch..., wo übernachten wir eigentlich? Da kommt der junge Skin nochmal zurück und fragt, ob wir ihn nach Neuss mitnehmen können. Wir könnten auch gern bei ihm übernachten. Dass sein Kater in der kleinen Einzimmerwohnung, während der junge Mann bei unserem Konzert weilte, jede erdenkliche Stelle des Teppichbodens markiert hat, trübt die Gastfreundschaft nicht. Wir tasten den getränkten Teppich nach einer möglichst großen trockenen Stelle ab und legen uns quer im Zimmer verteilt in unsere Schlafsäcke – mit dem süßen Geruch von Katzenpisse in der Nase – und träumen von tanzenden Handpuppen.

Jana Fuhrmann

SCHLAGZEUGERIN

Ich hatte mal Schlagzeug in einer Punkband gespielt, wo der Sänger Drogen und Alkohol recht zugetan war. Eines Nachts hatten wir einen Gig im Wild at Heart in Berlin und er schoss sich vorher dermaßen ab, dass er auf der Bühne keinen einzigen Song mehr zustande brachte. Die Rückfahrt nach Hamburg war er überwiegend bewusstlos, bis er plötzlich mitten auf der Autobahn aufschreckte mit den Worten "Halt SOFORT an, ich muss pissen". Es war ein Leihwagen. Wir waren dann gegen 5 Uhr morgens zurück in Hamburg, wo ich es schaffte, zwei Stunden zu schlafen, bis mich die Baustelle direkt vor meinem Balkon weckte.

Am Abend hatten wir wieder einen Gig und ich schleppte mich völlig zerstört dort hin. Vor Ort angekommen, eröffnete uns unser Sänger, der übrigens als Einziger von uns topfit war, dass er die Band verlassen will, weil wir ihm zu langweilig sind und am Vorabend nicht ausdauernd genug mitgesoffen hatten. Die anderen haben auf ihn eingeredet, um ihn umzustimmen, und den Gig haben wir dann auch zusammen gespielt. Lange ging's aber nicht mehr mit der Band. Auf der Bühne war er ein echter Rockstar, das muss man ihm lassen. Aber ansonsten leider schwer erträglich.

ZUM LETZTEN MAL, HERR HORSTMANN:
DAS IST KEIN INSTRUMENT!
OOOCH...
Ruthe

RALPH RUTHE

Ferdinand Führer

MUSIKER UND PRODUZENT

Als wir ankamen, war das Erste, was uns Gabi fragte, ob wir ihr 100 € leihen könnten, weil sie kein Bier mehr habe. Gabi war zu diesem Zeitpunkt ca. 60 Jahre und hatte eine Kette zwischen Ohr und Nase. Am Tresen saßen drei Leute, darunter ihr Freund, ein komplett wahnsinniger schizophrener Zwei-Meter-Typ mit Cowboyhut, der uns während des ganzen Abends immer wieder ernsthaft bedrohen sollte. Der zweite war zurückgeblieben und von fülliger Gestalt, der dritte maßlos betrunken. Die drei Amigos wurden mit unseren 100 € losgeschickt, um mit einem Sackkarren bei der Tankstelle (!) Bier zu kaufen. Während des Gigs kam die ganze Zeit ein italienischer Kellnertyp herbei, hat furchtbar rumgeschrien und unsere Amps leiser oder aus gedreht, weil sich die Gäste des angrenzenden Restaurants gestört fühlten. Der Bandfraß bestand aus kalten Nudeln mit Pilzen aus der Dose. Gabi machte die "Finger in den Hals"-Kotzgeste, während wir die Nudeln fraßen und die Amigos lachten uns aus.

Alex Stinson

SCHLAGZEUGER (U. A. BEI START A FIRE, WIZO)

Bei einer Show in der Schweiz stürzte unser Sänger Jan bei einem sehr missglückten Stagedive-Versuch von der Bühne an der „Menge" vorbei auf den Boden. Trotz Verletzung ging das Konzert weiter. Währenddessen wurde allerdings der Notarzt informiert, „Sänger von Bühne gestürzt". Was bei den Einsatzkräften ankam, war allerdings: „Bühne eingestürzt!" Daher wurden wir nach der Show von ca. 20 Polizisten, vier Krankenwagen und einem Löschzug empfangen. Das Bier kostete 9 Euro.

Lisa Who

SÄNGERIN & LIVE-KEYBOARDERIN BEI MADSEN

Einmal warf ich einer lauten "Ausziehen, Ausziehen"-Stimme aus der vorderen Reihe auf einem Madsen-Konzert ein Schmuddelmagazin entgegen, was zufällig auf der Bühne rumlag. Danach war Ruhe.

Martin Seeliger

MUSIKER (DIE SHITLERS)

Im Laufe der achtjährigen Bandgeschichte, die zu erzählen es sich lohnen würde, sind viele Sachen passiert. Etwa die, dass Frank drei Tage nicht geschlafen und trotzdem das Auto gesteuert hat. Oder wie ich mal bis zum Nachmittag im Jolly Roger getrunken habe und dabei vergaß, dass ich ja beim Hafengeburtstag auf der Bühne stehen sollte.
Am liebsten erinnere ich mich allerdings an das Konzert in Göttingen Ende 2014 oder 2015. Zu der Zeit war es in der Band en vogue, zu pinkeln, wo man gerade ging und stand. Das Konzert fand in einem Laden namens ‚Dots' statt. Der Konzertraum war über eine Kellertreppe zu erreichen und relativ klein. Die Stimmung beim Konzert war gut. Die Besucher*innen mischten ausgelassen das Bier mit Gin Tonic und eine Hisbollah-Fahne wurde gezeigt. Gegen Ende des Auftritts kündigte Tristan dann an, nun ins Publikum pinkeln zu wollen. Ich weiß noch genau, wie er verkündete: „Es ist hier so eng, dass Ihr es sowieso nicht schnell genug raus schafft." Dies gesagt habend, trat Tristan nun an den vorderen Rand der Bühne, um sich auf die anwesenden Gäste zu erleichtern. Das ist kein Witz und auch keine Metapher. Er hat das wirklich gemacht. Bemerkenswert erscheint mir hierbei vor allem, dass niemand etwas dagegen oder nachher als Rache unternommen hat.
Wie üblich zogen wir danach noch um die (Göttinger) Häuser. Wir waren mit der österreichischen Band Missstand unterwegs und da herrschte meist gute Stimmung. Irgendwie landeten wir dann im Vereinsheim vom lokalen Fußballverein Göttingen 05. Dort habe ich auf den Kickertisch gepisst. Obwohl ich erst dachte, dass ich mich dabei so geschickt angestellt hatte, dass es niemand bemerkt hätte, wurden wir kurz darauf von einer Gruppe Göttinger Skinheads konfrontiert. „Ey, habt ihr auf den Kickertisch gepisst?" Weil ich nur ungern lüge, bestätigte ich das. Ich weiß nicht mehr genau, wie es weiterging, erinnere mich aber vage, dass sich Leute geschubst haben. Ich habe dann mein Portemonnaie herausgeholt und denen unsere Gage (ich glaube, das waren so 200 Euro) gegeben, damit sie uns nicht verprügeln.

DAS WAR EIN SCHÖNER TAG!

KWITTISEEDS

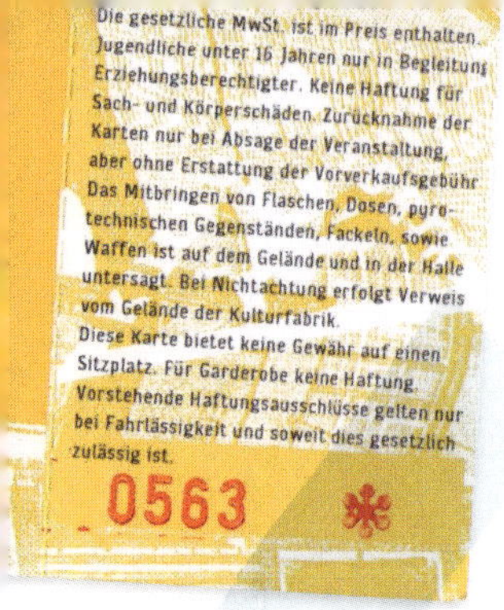

Oile Lachpansen

MUSIKER

DELMENHORST 2006: The Bionic Elbows sind mit Die Rote Suzuki auf Tour. Nachdem alle Bands gespielt haben, schreitet ein besoffener Punk auf die Bühne und macht seiner Freundin einen "romantischen" Heiratsantrag, während wir uns gerade gegenseitig mit Backoblaten füttern. Die herzliche Stimmung stört ein langhaariger junger Mann, der sich ein Instrument auf der Bühne schnappt und sich an einem Hendrix-Solo versucht, woraufhin der Punker losrennt und ihn umboxt. Unser Amusement verfliegt spätestens, als uns der Veranstalter mitteilt, er habe keine Schlafplätze organisieren können, und uns in den 5 qm großen Theaterlagerraum führt, wo wir uns auf hartem Steinboden mit Kinderkostümen zudecken – wir sind zu elft und es wird recht eng.

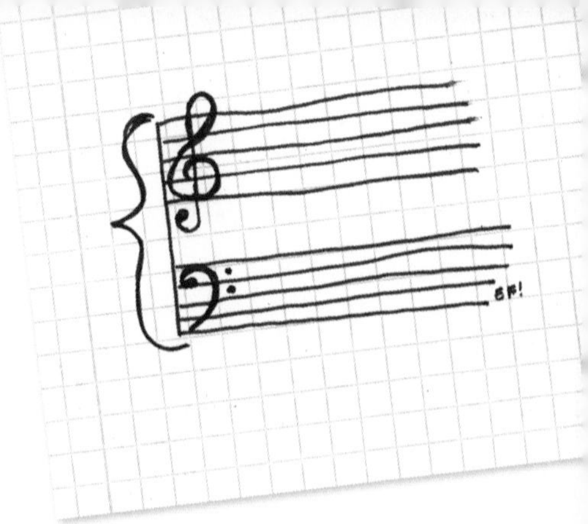

M J

MUSIKER

Anfang der 2000er ging es für mich folgendermaßen los: Guter Freund aus Berlin ruft an.

„Du bist jetzt in meiner Band?"

Was?

„Ja, ich brauche für meine Band einen Live-Keyboarder und habe keinen, der Zeit hat. Wir sehen uns in Leipzig!"

Ich konnte aber gar nicht Keyboard spielen, weswegen ich dann noch einen 2-Wochen-Intensivkurs bei einem Kumpel machen sollte. Entsprechend nervös war ich dann Backstage bei besagtem Konzert, erster Live-Gig und nur rudimentär mit Skills ausgestattet. Wir waren Vorband bei einer Gruppe, die mit riesiger Entourage anreiste. Ich, 17 Jahre alt, stand alleine Kette rauchend rum. Vor uns kam dann noch ein Typ mit seinem Projekt auf die Bühne, sein Konzept: Am Laptop auf „Play" drücken, finster dreinschauen, Strobo laufen lassen, dazu haben zwei Stripperinnen auf der Bühne getanzt. Super. Dann kamen wir. Ich hab mich im Nebel der Nebelmaschine versteckt und geschaut, dass ich mich möglichst wenig verspielte. Hat mäßig gut geklappt.

Henning Kallweit

SCHAUSPIELER

Ich hatte ein Vorsprechen für ein Engagement an einem Theater und habe Franz Moor vorgespielt. Während des Monologs habe ich eine Line Mehl gezogen, da ich die Figur als Kokser angelegt habe. Die Stelle kommt, ich zieh das Mehl. Viel zu viel. Der Rachen, Gaumen, die Nase - alles zu. Ich spiel irgendwie weiter und versuch, durchzukommen. Monolog fertig. „Singen Sie doch bitte noch ein Lied, wir machen auch oft mit dem Schauspiel musikalische Produktionen." Ich nicke. Ich bin eh schon nicht der begnadetste Sänger, aber jetzt hatte ich zwischen sämtlichen Schleimhäuten auch noch Mehl kleben. Das war kein Gesang sondern eher irgendwas zwischen Darth Vader, dem der Sauerstoff abgedreht wurde, und Don Vito Corleone, nachdem er angeschossen wurde. Dann Feedback vom Intendanten:

DANKE, DASS SIE HEUTE DA WAREN, ALS HAUPTROLLE IN NEM MUSICAL WÜRDE ICH SIE NICHT BESETZEN, DER REST WAR **GANZ OKAY**.

WIR MELDEN UNS.

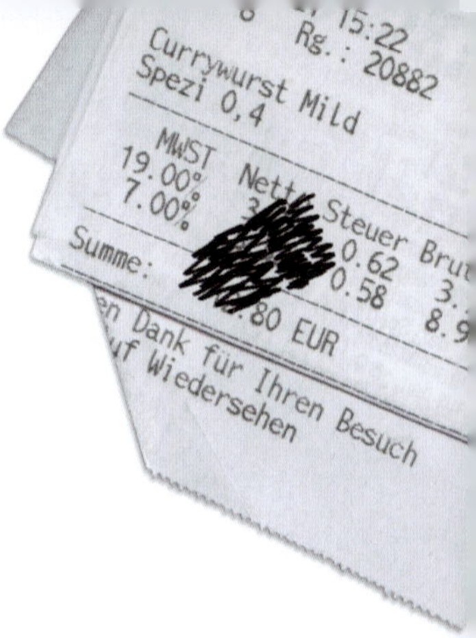

DiRk BeRneMann

AUTOR

„Ey, wenn ich Poetry Slam auf den Flyer schreibe, kommen GA-RAN-TIERT mehr Leute.“ Ich war dagegen, ließ es trotzdem zu, dachte nicht, dass es schlimm oder dumm wird. Kulturveranstaltungsmenschen wissen manchmal, was sie tun. Es kamen 13 Leute, 14 davon war Literatur egal, einige aßen Pizza aus auf dem Schoß liegenden Kartons. Ich las mit Absicht Ekelhaftes, sie aßen weiter. Mitten im Text stand jemand auf und fragte laut in den Saal, ob noch jemand Bier, Pizza oder Weingummi will. Es entbrannte eine Diskussion über Pizzabeläge. Irgendwann war ich auch für Brokkoli und gegen Literatur.

Johannes Floehr

AUTOR

In Braunschweig sollte ich mal mein Soloprogramm in einer Kneipe spielen, mit einem Bettlaken als Projektionsfläche für den Beamer, der nur schwarz/weißes Bild übertragen konnte, leider, „aber besser als nix". Eine halbe Stunde vor Showbeginn zog ich den Ärger des für die Technik verantwortlichen Menschen auf mich, als ich einen Adapter aus der Musikanlage verwenden wollte, um meinen Laptop anzuschließen: „Der ist für die Musik. Der muss hier stecken bleiben." – „Aber es läuft doch jetzt drei Stunden lang keine Musik, kann ich mir den nicht ausleihen? Brauche den für mein Programm." – „Nein." Und dann musste ich noch schnell zum Elektrofachgeschäft, um schließlich gerade noch so pünktlich um acht Uhr eine Show zu beginnen, die dann exakt genau so gut war, wie man es befürchten musste. Nämlich gar nicht. In der Pause gingen zwei der 14 Zuschauenden vorzeitig und ich wäre gerne mitgegangen. Außerdem gab es nur Beck's.

Moritz Kehle

MUSIKER (HYSTERESE)

Zürich. Es gibt Whisky als Catering. Nach der Show wird dermaßen gesoffen und Acid geworfen, dass einer vorübergehend erblindet und panisch versucht, Leute anzurufen (was Mailboxaufnahmen später belegen). Einer kotzt im Strahl an ein Fenster eines Dönerladens, direkt auf der anderen Seite des Fensters sitzen Leute und essen. Eine ist auf Krawall gebürstet und zieht einem glatzköpfigen Rockertürsteher am brustlangen Spitzbart. Er gibt zu verstehen, dass es Tote gibt, wenn wir es wagen sollten, auf Armlänge heranzutreten. Morgens wachen zwei auf dem Hostelboden auf. Beide nassgepisst. Dazwischen liegt eine Matratze, die aus einem Stockbett gezerrt wurde, auch nassgepisst.

Achim Lauber

SCHLAGZEUGER (KNOCHENFABRIK)

In den Nullerjahren spielte ich in der Akustikband „Whisky & Coke“ Schlagzeug. An einem Freitag sollten wir in Solingen spielen, worüber die Gitarristen sehr aufgeregt waren, weil die Crème de la Crème der damals sehr angesagten Solinger Garagebands sich angekündigt hatte. Ich kannte die alle eh nicht, dachte, das bisschen Besenschrubben kriegste in jedem Zustand hin, und hab vorher mit den Kolleginnen bei der Weihnachtsfeier und auch während der Fahrt und nach der Ankunft großzügig dem Bandnamen entsprochen. Bei einem besonders ruhigen Stück bin ich dann hinterm Drumkit eingeschlafen. Daneben stand, warum auch immer, ein großer indischer Gong, auf den der eine Frontmann kräftig schlug, um mich zu wecken. Als ich die Augen öffnete, war der Sänger wutentbrannt von der Bühne gerannt, der andere hinter ihm her, und wo der Bassist war, weiß keiner mehr. Ich war allein.

Wenn wir uns heute auf ein Bier und ein bisschen Musikmachen treffen, dauert es höchstens eine halbe Stunde, bis mich einer damit aufzieht, und das muss ich wohl noch lange kommentarlos hinnehmen.

Fatoni

RAPPER

Ich hab ja mal diesen Song geschrieben, der heißt „Mike", in dem ich sage, ich wäre so gern wie Mike Skinner (The Streets), weil er so genial ist, und wenn ich seine Musik höre, dann merke ich, dass ich das nicht bin und er zeigt mir meine Mittelmäßigkeit. Ich feiere ihn auch sehr, aber eigentlich habe ich ihn nur als Beispiel genommen, um einen Song über das Gefühl zu schreiben, das man hat, wenn man manchmal Leute anhimmelt und denkt: Fuck, du bist viel geiler als ich. Ich glaube, das kennen die meisten Künstler. Zumindest die meisten, die ich respektiere. Leute, die das nicht kennen, sind für mich Hurensöhne. Viele Jahre nach besagtem Song, Mike Skinner kündigt mit The Streets nach siebenjähriger Abstinenz sein Live-Comeback an. Ich bin dann auch fanboymäßig zu nem Konzert nach Glasgow geflogen mit meiner Mutter, die auch Fan war und über die ich The Streets tatsächlich auch kennengelernt hatte. Und dann war es für die Deutschland-Termine so, dass ich seinen Booker persönlich kannte und der mich fragte, ob ich nicht bei drei Shows Support machen will. Ich so: Boah, ich weiß nicht. Mein Management hat sich voll gewundert, die dachten, ich würde weinen vor Freude oder so, aber ich meinte: Ich weiß nicht, ob ich den treffen will, weil's mein Bild von ihm zerstören könnte. Hab dann aber natürlich trotzdem zugesagt,

muss man ja schon machen, sowas. Und ich wusste schon: Wenn ich das jetzt poste, wird das meine Fanbase schon sehr romantisch finden. Und so war es dann auch. Tausende Leute, Fans und private Freunde, haben mir Kommentare geschrieben mit dem Tenor „Ich weine gerade", weil die Leute halt dachten: Klar, Mike Skinner hat den Song gehört und fragt für seine Comebacktour jetzt natürlich Fatoni.

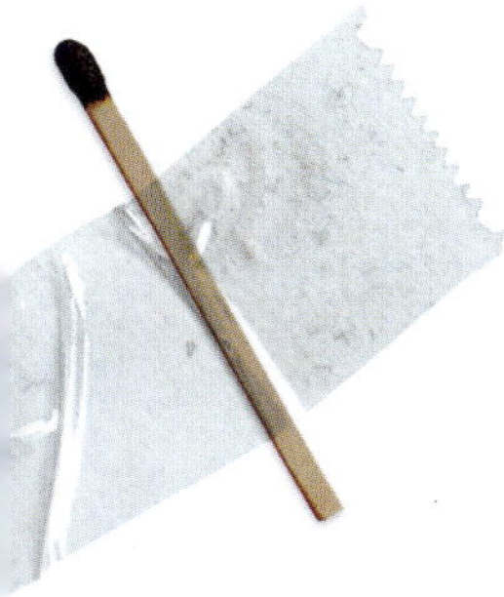

Tatsächlich war es so, dass ich ihn damals sogar auf allen Kanälen angeschrieben hatte, weil wir ein Video zum Song drehen wollten, aber nur, wenn er da nen Cameo-Auftritt drinhat. Er persönlich hat nie geantwortet, über sein Management kam dann aber die offizielle Absage, dass er da keinen Bock drauf hätte. Irgendein Dulli hat mir auch mal erzählt, dass er in Berlin, als Mike Skinner aufgelegt hat, zu ihm hingegangen ist: „Ey, do you know, there's a german rap song about you!" und er hat wohl wortwörtlich zu ihm gesagt: „Yeah, I know, it fucking terrifies me." Und auch, wenn das vielleicht halbironisch war, weiß man ja nicht, hatte ich halt so meine Bedenken,auf diese Tour zu fahren. Mit seiner Band war sofort alles cool, er selbst war die meiste Zeit im Hotel oder Bus oder so und als ich ihn dann mal kurz getroffen habe, gab es nur ein bisschen Smalltalk, „it's an honour to be your support", „yeah, cool" und sowas. Zweiter Termin, Wiesbaden, Schlachthof, fette Halle, ausverkauft.

Da gab's dann den Moment, als die Band auf die Bühne ging, episches Intro („Turn the Page" vom ersten Album), Mike Skinner saß noch neben der Bühne und ich dachte aus irgendeinem Grund, vielleicht weil ich so emotional war, ich geh jetzt live bei Instagram. Ich hab die Bühne gezeigt und halt auch ihn, wie er in der Ecke saß. Das hat er dann gesehen, ist aufgestanden, auf mich zugegangen und ich hab sofort gemerkt: Fuck, fuck, fuck. Ich hab direkt das Handy runter, er kam ganz nah an mein Gesicht, Nase an Nase. Psychomäßig hat er mich angeschrien wie so ein englischer Hooligan:

WOULD YOU PLEASE NOT FILM ME RIGHT NOW?

Ich hab fast geheult und irgendwas gestammelt, „i was just taking some photos". Und das Allerschlimmste ist, dass ich während des ganzen Moments halt immer noch live war. Ich hatte damals noch nicht ganz so viele Follower wie heute, aber es waren halt trotzdem hunderte Leute online mit dabei. Grim104 von Zugezogen Maskulin hat mir danach geschrieben: Bruder, ich hab alles gesehen, es tut mir so leid. Der Booker hatte das auch mitbekommen und meinte zu mir, ey, bist du bescheuert, warum filmst du das? Natürlich war ich dann der Idiot, verstehe ich auch. Dann kam halt auch mein Tourmanager und ich meinte zu ihm, wir müssen gehen, bevor die von der Bühne kommen, ich muss hier weg, ich will den nicht mehr sehen. Mein Herz ist einfach gebrochen, meine Stimmung war im Keller. Wir sind dann auch ganz schnell gefahren. Und nach einem Off-Day kam dann München, dritter und letzter Termin mit The Streets. Vorher hatte ich Kontakt zu seinem deutschen Booker, der zu mir versicherte, es wäre alles cool, er hat kein Wort darüber verloren und wahrscheinlich hätte er's schon vergessen. So war die Stimmung.

Wir kamen dann in München an, meine Heimatstadt, die Halle meiner Jugend, Muffathalle. Konzert geil und ich kein Wort mehr mit Mike Skinner gewechselt, seitdem er mich angeschrien hat und dann sagte der Booker: Ey, komm, lass doch noch ein gemeinsames Foto im Backstage machen, da ist doch jetzt Gras über die Sache gewachsen. Mike Skinner saß dann da auf einer Bierbank, hat auf sein Handy geguckt und auch, als Musiker seiner Band aufgestanden sind, um mich zu begrüßen, hat er nicht vom Handy aufgeschaut. Wir standen da dann rum wie Vollidioten, wie bestellt und nicht abgeholt. Der Booker hat dann dreimal auf den Tisch geklopft, Mike hat kurz hochgeschaut und höflich „thank you very much" gesagt und dann sind wir, ohne ein Foto, schnell wieder gegangen. Draußen ich dann so zum Booker: War irgendwie nicht so die Stimmung fürn Foto. Er so: Jo. Ich kann seine Musik heute noch hören, aber das alles hat halt wirklich leider ein bisschen was für mich zerstört. Denn eigentlich lief es so, wie ich befürchtet hatte. Never meet your heroes.

HAHAHAHA! verrückt, oder?
Seit wann lachen Komiker eigentlich so offensiv über ihre eigenen Witze?

Vielleicht denke ich zu altmodisch, aber sollte nicht zuerst mal das Publikum lachen?
Mmmmmh! Lecker, oder?
H&B

HAUCK & BAUER

Andy Strauss

AUTOR

Es gibt da diese eine Sache, die immer wieder mein Herz berührt. Ich war gerade in einer dieser Lebensphasen, die eher schwer zu ertragen sind, Regenwolkengemüt. Den ganzen Tag über fühlte ich mich miserabel und abends sollte ich eine Show in der Pelmke in Hagen spielen. Meine Laune machte eine Kehrtwende allein dadurch, wie die beiden für mein Catering zuständigen Herzen sich um mich kümmerten. Mir wurde ein Feuerzeug geschenkt, das händisch mit einem Bild eines weinenden Kurt Cobains beklebt wurde, außerdem hatte man mir einen Hund organisiert, der mit mir Candle-Light-dinnierte. Ich hatte nicht nach diesen Dingen gefragt, aber diese Gastfreundschaft hatte mich für längere Zeit repariert.

Selina Liebert

SCHAUSPIELERIN

Wir haben im Jugendtheater das Stück „Hexenjagd“ gespielt und da geht es in einer Szene darum, dass der Mann (gespielt von Paul) die Frau (gespielt von Diana) betrogen hat. Er soll die zehn Gebote aufsagen, vergisst gemäß Drehbuch eins, sie hilft ihm: „Ehebruch, John!“ Woraufhin eine Zuschauerin im Publikum sarkastisch applaudierend aufsteht und ruft: „Super, Paul, in Echt hast du das Gebot offenbar auch vergessen, oder warum hast du mit Diana gefickt?“ Einige dachten, das gehöre zum Stück, tat es aber nicht.

Alexander Hesse

MUSIKER (PLANET WATSON)

Als wir im Jahr 2014 zu einer Show kamen, erwarteten uns leckeres Essen, nette Menschen, bestes Wetter und tolle Musik. Beim letzten Song unserer Show bat ich die Leute, zum obligatorischen Stagedive nach vorne zu kommen, um mich zu tragen. Unter diesen wenigen furchtlosen Menschen befand sich auch eine kleine, junge Punkerin, die ich freundlich bat, lieber einen Schritt zurückzugehen, um sie mit meinen 150 Kilo Körpergewicht nicht aus Versehen ins Jenseits zu befördern. Es gab keine Verletzten, alle hatten Spaß beim Anfassen meines nassgeschwitzten Astralkörpers. Nach der Show kamen die Veranstalter auf mich zu und beschimpften mich wütend als verdammten Sexisten, da mich zierliche Frauen schließlich genauso tragen könnten wie jeder andere auch. Sie hatten recht. Zum Glück.

Michael Setzer

GITARRIST (END OF GREEN)

Orr, super. Polizei am Telefon. Es geht um Zechprellung an einer Tankstelle. „Huch! Wir? Kann ich mir nicht vorstellen. Also, zumindest nicht absichtlich", sage ich. „Ja, wir haben das Überwachungsvideo der Tankstelle gesehen", sagt der freundliche Polizist. Kurz überlegt, dann kam die Erinnerung zurück: Laue Sommernacht, gerade mit unserer kleinen Dunkelrockband END OF GREEN auf einem Festival kurz vor Freiburg gespielt und uns für den Heimweg im Bus anständig betrunken – mit Ausnahme des Fahrers. Wahrscheinlich haben wir auch deshalb Teile der Backstagedeko mitgenommen: aufblasbare Gitarren, Flamingos und Palmen.

An der Tankstelle haben wir gemacht, was man an Tankstellen eben macht: Tanken, dann Schokoriegel, Quatsch und noch mehr Getränke kaufen – und uns natürlich in einer epischen Schlacht gegenseitig mit dem bunten Dekoquatsch verhauen. Inklusive T-Shirt ausziehen, um den Bus rennen, zwischen den Zapfsäulen abrollen und „Es kann nur einen geben!" brüllen. Leider hat ausgerechnet der vergessen, die Spritladung mit der Band-EC-Karte zu bezahlen.

Ich: „Oh, sie haben das Video gesehen?" Der Polizist: „Melden Sie sich bitte bei der Tankstelle und begleichen den offenen Betrag? Die fanden das Video übrigens auch super."

Toby Hoffmann

AUTOR

Die Stadt Freiburg feiert irgendwas und ich bin miteingeladen, ein paar Gedichte vorzutragen. Am durchaus ansprechenden kleinen „Theaterzelt“ angekommen, suche ich vergeblich nach einer gedruckten Information zur Show in Form von Flyern oder eines Plakats. Stattdessen erblicke ich am Eingang eine Tafel. Darauf steht mit Kreide gekritzelt:

LANGE NACHT DER POESIE:

DIE MEGA-PARTY-POETEN

SETZEN DAS THEATERZELT IN BRAND!

Die Namen der Auftretenden werden (Gott sei Dank!) nicht genannt. Für die vier geladenen, ambitionierten Poet:innen – darunter eine spätere Bachmannpreisträgerin – ist diese hingeschissene Veranstaltungsinfo nicht nur ein kleiner Nadelstich, sondern ein ordentlicher Tritt in die Magengrube.
Aber was soll's. Als sogenannter Kleinkünstler gewöhnt man sich mit der Zeit daran, gedemütigt, kleingemacht und total missverstanden zu werden.

MICHAEL VOELKEL

Linus Volkmann

SÄNGER VON "DIE SCHWIEGERSÖHNE" & JOURNALIST

Mit meiner Fun-Punk-Band Die Schwiegersöhne haben wir einen großen Veranstaltungs-Coup gelandet: Irgendwie ist es dem Bassisten gelungen, uns eine Einladung für die Bühne des „Maafest" zu erschleichen. Maafest ist dabei hessisch für Mainfest, abgehalten wird es in Dörnigheim, einem Kaff im Umland von Hanau. Es handelt sich um eine Art Volksfest mit Buden und Kram und eben auch irgendwo einer kleinen Bühne. Dass wir gar keine Gesangsanlage besitzen, erstaunt die Veranstalter, die allesamt eher nicht so aus der Autonomen- sondern der hiesigen Kleingartenszene stammen. Bass- und Gitarrenverstärker sowie das Schlagzeug packen wir auf die Bühne, singen kann ich durch das Mikro, mit dem Durchsagen auf dem Gelände gemacht werden.

Nach dem nur eine Handvoll Songs langen Konzert kommen Verantwortliche und Besucher auf uns zu, um uns zu sagen, wie wahrhaft entsetzlich es war und dass sie sich für uns schämen würden. Das irritiert uns nicht, handelt es sich doch bei all diesen Leuten um sogenannte Spießer. Bei denen nicht anzukommen, ist doch irgendwie Sinn der Sache, vermuten wir. Doch die Ernüchterung ist groß, als auch unsere Freunde bescheiden: Das war einfach nur komplett scheiße gewesen. Grund: Die Instrumente mit den mickrigen Verstärkern verpufften recht unweit der Bühne, was man allerdings auf dem ganzen Festplatz auch außer Sichtweite der Bühne hörte, war mein Gebrüll über die Lautsprecheranlage – und das könne man sich ohne die Musik einfach nicht mehr schönreden. Ein schwarzer Tag für mich als Sänger.

Lukas Diestel

AUTOR & TEIL VON "WORST OF CHEFKOCH"

Das beschauliche Städtchen Versmold mit seinen knapp 21.000 Einwohner*innen ist für seine Fleisch- und Wurstproduktion und für ein dort jährlich stattfindendes internationales Tennisturnier "bekannt". Sponsor des Turniers ist selbstverständlich die örtliche gigantische Fleischerei. Wir sind damals mit "Worst of Chefkoch" getourt, mit einem Programm voller Fleischwurstbashing, krudem Humor und Witzen über die Art von biederer Lebensweise, wie sie vielleicht jemand haben würde, der in einer Kleinstadt in NRW im Pausenprogramm eines Tennisturniers sitzen würde. Beim Aufbau stellte sich dann noch raus, dass selbst die Booker nicht so wirklich wussten, wer wir sind und was wir so machen. Dann stehst du zehn Minuten vor Showbeginn hinterm Vorhang und überlegst, ob du den allerersten Witz der Show, Thema Durchfall, nicht doch lieber weglässt heute. Aber wo kämen wir denn da hin.
Mit ein paar Leuten im Publikum hatten wir einen richtig schönen Abend. Gut möglich, dass die anderen immer noch ab und zu verächtlich mit dem Kopf schütteln. Ich wünsche es mir.

Klaus Urban

DICHTER UND MUSIKER

Ich war Anfang 2020 als Gastkünstler für eine dreiwöchige Kreuzfahrt durch das südchinesische Meer eingeladen worden. Der riesige Theatersaal fasste 1.200 Menschen und war fast jeden Abend voll besetzt, wenn die grellbunten Shows mit Ausschnitten von Musicals, Zauberkunststückchen oder Tanzeinlagen mit knapp bekleideten Damen und Herren über die Bühne gingen, begleitet von peppigem Sound, Lichtgewitter und Krawumm. Und Erika war immer dabei, in der ersten Reihe, Platz drei.

In diesem Theater sollte auch ich meine Kleinkunstshow präsentieren. Als ich die Bühne betrat, war der Saal nur zu etwa einem Drittel besetzt. Erika war da. Schon während des ersten Songs verließen einige Zuschauer den Saal. Ich vermutete, dass es Raucher waren, die ich wahrscheinlich mit der ersten Strophe meines „Blues von den mutigen Leuten“ beleidigt hatte, in der ich den unheilvollen Mut, zu rauchen, besinge.

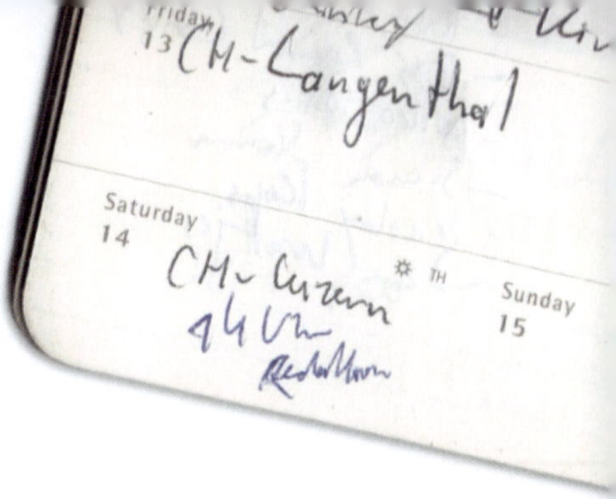

Beständig rieselten im weiteren Verlauf Zuschauer*innen aus dem Saal hinaus. Erika war noch da. Als ich dann meine „Geschichte vom Reim, der nicht reimen wollte“ rezitierte, sah ich, dass Erika immer unruhiger wurde, und plötzlich wusste ich ganz genau, wann Erika gehen würde, nämlich bei dem Wort „Semantikleim“. Und in der Tat; kaum hatte ich „... mittels dessen Semantikleim ...“ ausgesprochen, verließ auch Erika den Saal.

Nach der Vorstellung kamen drei junge Männer auf mich zu, deren Alter zusammengenommen etwa dem Durchschnittsalter des Kreuzfahrtpublikums entsprach, und meinten, dass sie den Abend toll gefunden hätten. Na, dann hatte es sich doch gelohnt!

FRed

D.I.DIE BOOKING

Wir schreiben das Jahr 2014, ich bin gerade frisch im Veranstalter*innen-Kosmos angekommen. Nach einer durchzechten Nacht mit viel Krach und Bier um die Ohren und vollster Bedienung der Bands im D.I.Y.-Style finde ich nach ca. zwei Stunden zombieoider Putzbemühungen im Alleingang mein Überraschungs-Geschenk eines der nach dem Frühstück sichtlich zufrieden abgereisten Bandmitglieder. Unter (!) einer Matratze befindet sich ein brauner, übelriechender Brei, der wohl in der Nacht, ohne viel Aufmerksamkeit unter den ca. zehn drumrum schlafenden Personen erregt zu haben, dort hingesetzt wurde. Kurz darauf fliegt diese Matratze aus dem Fenster in den Innenhof, es folgt ein Putzlappen – zum Glück haben wir große Mülltonnen.

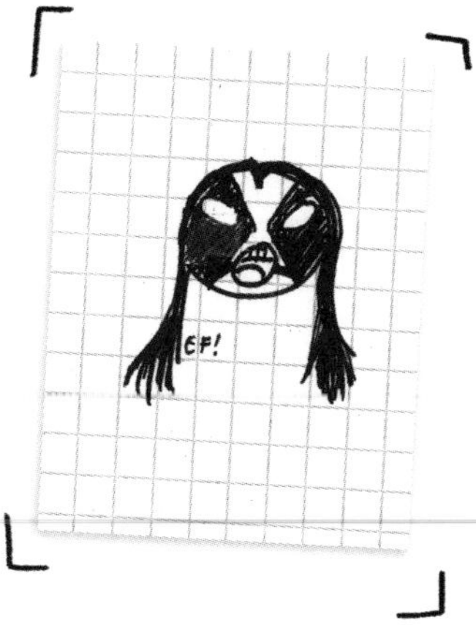

BeRni

MUSIKER (LIBERTY MADNESS)

Einmal, nachdem wir mit Liberty Madness in Gießen gespielt haben, war noch so'n alter Typ auf der Aftershow. Niemand kannte ihn, aber er freute sich irgendwie, mit uns zu saufen, und haute ab und zu einen kauzigen Spruch raus. Irgendwann suchten sich alle einen Pennplatz. Er legte sich zu mir in den Raum. Doch dann holte er sich einfach einen runter! Ich sagte nur noch „Boah hey, des kannst du doch nich bringen, Alter!“. Wir schmissen ihn raus. Ausgespuckt in eine sternenklare Nacht. Ihm war alles scheißegal.

Matthias Baumunk

PROJEKTMANAGEMENT

VOR DEM EVENT WERDEN DIE VERANSTALTER VON DEN LOCALS DURCH DEN BESTEN CLUB TIRANAS GEFÜHRT.

Und wofür ist dieser Schrank in der Garderobe da?

Für die Knarren.

Haha, okay, also wofür steht der Schrank da?

Für die Knarren.

???

Du gibst deine Waffe ab und kriegst ein Märkchen,
wenn du gehst, kriegst du sie wieder zurück.

Seid ihr nicht in der EU oder so??

Noch nicht.

Ich verstehe.

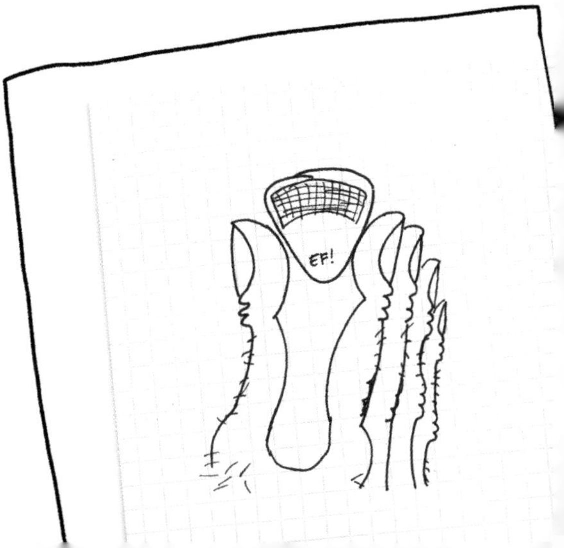

Nikita Miller

COMEDIAN

Ich wurde gebucht als Überraschungsgast zum 40sten Geburtstag einer Frau.

„Du bist ihr absoluter Lieblingscomedian!“
Ich geh hin. Hundert Leute sind da. Alle gehen auseinander, als ich reinkomme, und rufen laut: „Überraschung!“
Die Frau sieht mich an und sagt mürrisch: „Wer bist du?“
Ich sag lustlos: „Überraschung.“
Sie sieht mich lange an.
Ich: „Ich bin dein Lieblingscomedian.“
Sie: „Nein, bist du nicht.“

Es gab keine Bühne und kein Mikro und die hatten auch keinen Barhocker für mich. Nur einen Stuhl. Ich setz mich mitten auf der Tanzfläche auf den Stuhl und die Leute stehen um mich rum, als sei ich Papa Schlumpf, der ihnen eine Geschichte vorliest. Ich war außerdem der Einzige, der einen Sitzplatz hatte. Alle anderen standen. Ich musste 60 Minuten spielen. Nach zehn Minuten hörten mir von den 100 Leuten nur noch 50 zu. Nach weiteren zehn Minuten nur noch zehn. Einer der Gäste hat einfach den Stecker von meinem Mikro gezogen, um sein Handy aufzuladen. Ich sagte: "Hey, ich spiel hier!" Daraufhin meinte er: "Na und? Dir hört sowieso keiner zu!" Und die letzten 30 Minuten saß ich allein auf dem Stuhl auf der Tanzfläche. Die Frau, die Geburtstag hatte, stand mir gegenüber und sah mir genervt zu. Um mich herum haben Kinder auf der Tanzfläche gespielt. *

*

Am Ende, als ich fertig war, hat sich noch jemand neben mich gestellt. Vor uns stand noch jemand und wollte ein Foto machen. Ich dachte, der Typ neben mir wollte ein Fanbild, aber stattdessen sagte er mir:

HEY,
KANNST DU BITTE ZUR SEITE GEHEN?
WIR WOLLEN HIER EIN FOTO MACHEN.

MICHAEL BULLING

Jan Schmidt

VERANSTALTER

2018 spielte ich eine Release-Show für meinen neuen Kalender, der aus zwölf Mal demselben Bild von mir besteht. Dazu hatte ich mir befreundete Slam-Poeten eingeladen und wir nannten die Veranstaltung „Poetry Slam Spezial". Gemäß dem Ankündigungstext lasen wir Texte, machten Unfug und hatten eine gute Zeit. Am Tag danach fand sich folgende Mail im E-Mail-Eingang der Veranstalter:

Liebes Team,

bis gerade waren wir auf Ihrer Veranstaltung "Poetry Slam Spezial" und waren doch sehr überrascht, was uns dort geboten wurde. Wir gehen seit Jahren häufig und gerne auf Poetry Slams überall im Ruhrgebiet und haben uns darauf gefreut, interessante, sozialkritische und lustige Texte in einer neuen Location hören zu dürfen. Irritiert waren wir durch die Ansage "Wer von Euch erwartet einen normalen Poetry Slam?", da dies ja der Titel der Veranstaltung war. Hätten wir gewusst, dass es sich bei diesem Abend um eine Spezialveranstaltung handelt, in der man Studenten beim Trinken und Quatsch machen zusehen soll und der Poetry Slam als solches in den Hintergrund rückt, wären wir direkt und nicht erst in der Pause gegangen, da das Niveau ja nicht mehr zu unterbieten war. Wir fanden es dreist, eine Veranstaltung unter diesem Namen (Poetry Slam Spezial) auszuschreiben und Leute dermaßen in die Irre zu führen und das für 9 Euro Eintritt pro Person. Man erwartet etwas mit Niveau und Stil und wird dermaßen enttäuscht und zum Narren gehalten. In Essen, Bochum und Dortmund laufen unter diesem Begriff sehr sehr gute Veranstaltungen, für deutlich weniger Eintritt. Es ist eine Beleidigung für alle Poetry Slammer, was Sie da heute Abend auf die Bühne gebracht haben!

Mit enttäuschten Grüßen,
XX und YY

Archi "Mc Motherfucker" Alert

MUSIKER (TERRORGRUPPE)

Ich hatte mich 1998 in der Alten Mälzerei in Regensburg auf der Bühne entkleidet, weil mir ein wenig heiß war, und aus dem Dunkeln kam plötzlich ein Fan, nahm kurz meinen Penis in den Mund und verschwand wieder im Dunkeln. Ein anwesender Journalist sah das, schrieb einen Artikel in die Mittelbayrische Zeitung und der Skandal inklusive Anzeigen nahm seinen Lauf und schaffte es bis in die Münchner Abendzeitung, wo ihn die Toten Hosen entdeckten und mir entzückt schickten. Anzeige unter anderem wegen "Erregung öffentlichen Ärgernisses" und "öffentlicher Werbung für eine unsittliche Sexualpräferenz (Homosexualität)".

Zusätzlich stand in einer Anzeige mit drin: "Im Verlauf der Veranstaltung ist ferner von Mitgliedern der oben genannten Rockband der Freistaat Bayern in massiver Weise beschimpft worden (Ausdruck: "Verdammtes Bayern!"), ein Großteil der bayerischen Bevölkerung ist außerdem in volksverhetzender Weise verunglimpft worden (u. a. mit dem Ausdruck: "Achtzig Prozent eurer Väter wählen doch tiefschwarz!")" Hahaha!
Wir haben anscheinend bis heute Auftrittsverbot in der Alten Mälzerei.

Jörkk Mechenbier

SÄNGER (LOVE A)

Also wir haben mal in Luxemburg gespielt mit Love A, im Vorprogramm von Turbostaat, und da hatte ich bereits am Vortag ganz fürchterlich Panzgrimassen und so schlimm Dünnschiss, dass ich während des Songs von der Bühne rennen musste und direkt im Backstage abgeladen habe, um daraufhin wieder kreidebleich auf die Bühne zurückzkommen und weiterzuspielen. Und dazu die ganze Zeit Schiss, dass mir die Soße hinten runterläuft.

Lisa Feller

STAND-UP-COMEDY

Bei einer Firmenfeier. Ich wartete bereits hinter der Bühne auf meinen Auftritt, als der Chef den anwesenden Mitarbeiter:innen mitgeteilt hat, dass aus wirtschaftlichen Gründen demnächst ein Drittel der Belegschaft entlassen werden müsse. Das ging nahtlos über in meine Anmoderation: „Wir sagen aber jetzt noch nicht, wer das ist, damit Sie den heutigen Abend noch in Ruhe genießen können. Und damit Sie mal auf ein paar andere Gedanken kommen und herzhaft lachen können, freue ich mich jetzt auf LISA FELLER."

DAS KRITZELT

Markus Maria Jansen

SÄNGER (M. WALKING ON THE WATER)

Vor irgendeinem Auftritt irgendwo war unser Kontrabassist verschollen, weg, einfach nirgendwo aufzufinden. Wir warteten, bis das Publikum sehr ungeduldig wurde, und mussten dann notgedrungen den Gig ohne Bassmann beginnen. "Hat jemand unseren Bassisten gesehen?" Nach nicht wenigen, lauten Akkorden erhob sich eine Gestalt hinter der Backline und schwankte etwas verpennt auf die Bühne. Hatte der doch in seiner Kontrabasstasche ein tiefes Nickerchen gemacht. Applaus.

16.10. Passau
17.10. München
20.10. Berlin
21.10. "
22.10. Hannover
23.10. Osnabrück
~~24.10. Münster~~
25.10. Köln
27.10. Stuttgart
Wertmarke
45055
165003
165004
165005
Twytterfestival
TWISTED CHORDS
LABELFEST
BUBONIX
ASOZIAL
HELMUT COOL
und senkrecht abgefragten
ist ein Lösungswort vorgegeben
M N O P Q R S T U V

ZUGABE

+ MERCH

DIE PLAYLIST

SCAN ME!

Eine wunderbare Playlist, nur mit Künstler*innen, die uns Anekdoten zur Verfügung gestellt haben, und, so will es das "Konzept", in einer vollkommen willkürlichen Reihenfolge: Ein bunter Reigen aus Musik verschiedenster Genres. Ein bisschen wie beim Eurovision Song Contest. Nur ohne dass der NDR einen schlechten Song ins Teilnehmerfeld mogelt, denn diese Lieder hier sind ausnahmslos alle richtig gut.

1.	SIMON SLOMMA	KUNST
2.	ABSTÜRZENDE BRIEFTAUBEN	DER ROADIE JOB IST GAR NICHT SO EINFACH WIE MAN DENKEN MAG
3.	AUDIO88, YASSIN & NICO K.I.Z	GNADE
4.	SSYNIC	HÄSSLICH
5.	DONOTS	TODAY
6.	BURGER WEEKENDS	NEON GIRL
7.	OILE LACHPANSEN	DIY
8.	BALLERN RATJADA	BALLERN RATJADA
9.	THE LOVE DICTATORS	DANCE FORCE ONE
10.	WIZO	ANTIFA
11.	DANGER DAN	EINE GUTE NACHRICHT
12.	NOT AVAILABLE	MAY WAY
13.	HORST HANSEN TRIO (FEAT. FLO MEGA)	SICH LEBEN TRAUEN
14.	KARPATENHUND	GEGEN DEN REST
15.	SNACKWOLF	CLARINETTE
16.	QUICHOTTE	UNKRAUT
17.	FLORIAN WINTELS	ICH BIN REICH
18.	HELMUT COOL	VINYL
19.	ANTILOPEN GANG	BEATE ZSCHÄPE HÖRT U2
20.	PAUL SIES	DEUTSCHER HUMOR
21.	ALICE BALDWIN	VATER
22.	3PLUSSS	GESPENSTER
23.	WIR SIND HELDEN	WENN ES PASSIERT
24.	ZIK ZAK	MATHILDA

25.	SORRY3000	FITNESS
26.	M. WALKING ON THE WATER	PARTY IN THE CEMETERY
27.	KOLLEKTIV	ROZZ-POP
28.	ALTERI	SCHEITERN
29.	HELL & BACK	SLOWLIFE
30.	COREMY	ADAM UND EBOLA
31.	DIE 12 CELLISTEN DER BERLINER PHILHARMONIKER	GYMNOPEDIE NO. 1
32.	MODER UND SAUERLAND	TANZ
33.	AKNE KID JOE	WHAT AFD THINKS WE DO
34.	LEONIDEN	1990
35.	AUTOBOT	LEUTE GEHT AUF SCHEISSKONZERTE
36.	HYSTERESE	ECHO
37.	DEICHKIND	BON VOYAGE (FEAT. NINA)
38.	LULU HENN	EINE SEKUNDE
39.	SUCHTPOTENZIAL	GENAUSO SCHEISSE
40.	PLANET WATSON	SOME OF US
41.	FATONI	MIKE
42.	REIZ	DAS KIND WIRD EIN ERFOLG
43.	SLIME	ALPTRAUM
45.	MONDO SAGUE	NO PLACE FOR A MAN
46.	MARIE RAUSCHEN	ZWIEECK
47.	OVE	WO DU SCHLÄFST
48.	DIE SHITLERS	NUR WEGEN SHITLERS
49.	LARA STOLL	INNENHOF
50.	TABY PILGRIM	BLUTSEHEN
51.	JUICY GAY	GUCCI PAIN
52.	LOVE A	SONDERLING
53.	GENTLEMAN	SUPERIOR
54.	AYLIN CELIK	AVOID
55.	NAHELI	VANILLA
56.	GRILLMASTER FLASH	BUD SPENCERS BART
57.	TILMAN BIRR	HOLZFÄLLER
58.	VD	TODAY
59.	MC SMOOK & MONEY BOY	KOLA MIT ICE (MATCHDAY)
60.	FRIEDEMANN WEISE	TWITTER SONG
61.	LISA WHO	WEIT WIE DIE SEE

JOHANNES FLOEHR – DIALOGE

Die schönsten Dialoge der 80er, 90er und die tollsten Konversationen von heute: Allesamt versammelt in diesem Buch! Nur Hits! Teilweise zum Schmunzeln! Mit coolen Illustrationen! Ursprünglich wurde der Inhalt dieses Buches in das soziale Netzwerk *www twitter dot com* hineingearbeitet, weswegen keiner der Texte mehr als 280 Zeichen hat. Oder auf Grammatik Wert legt. Manche Wörter sind sogar absichtlich falsch geschrieben, Groß- und Kleinschreibung werden komplett missachtet. Schade!
Trotzdem ist „Dialoge" ein kurzweiliges, lustiges Buch mit Gedanken zu tollen Themen wie zum Beispiel Feminismus, Tennis und Günther Jauch.

Lest dieses Buch, bevor die Chinesen es tun!

ANTONIA STILLE

KLAAS HEUFER-UMLAUF

Das ist ein sehr gutes Buch. Steht auch hinten drauf, dass ich das lustig finde. Das sage ich oft, ist aber in dem Fall so. Kauft euch das mal.

12,90 EUR

ERSCHIENEN IM LEKTORA-VERLAG
ISBN: 978-3-95461-14-1

EGON FOREVER! – Das kann man so machen!

WINSON, FLUXFM

EGON FOREVER! bedeutet minimale Handwerkskunst, maximale Aussage. Das macht Andre Lux zum Punkrocker unter den Comic-Zeichner*innen.

DANIEL FROMM, LAUT.DE

LEO FISCHER

Wenn ich nicht schon ich selbst wäre, wäre ich eine Figur aus einem EGON FOREVER! Cartoon.

AUCH STARK

Andre Lux' atemberaubender Gruselroman DRAKULA GEGEN DRACULA

AUSSERDEM

Geilste Mucke von Andre Lux seit 2007: Jedes AUTOBOT-Album hörbar mit allen gängigen Streamingdiensten

EBENFALLS INTERESSANT

Der EGON FOREVER! Online-Shop mit Jutebeuteln, Postkarten, DIY-Fanzines uvm.

etsy.com/shop/egonforever

DAS COVERMOTIV STAMMT AUS:

PHILIPP TREUDT - THANK YOU FOR THE MUSIC

"Thank you for the music" ist ein Fotomagazin, welches 26 Kölner Clubs und Bars portraitiert, die nach dem 14. März 2020 ihre Türen schließen mussten. Das Magazin möchte die vom Sterben bedrohte Clublandschaft zurück in die Köpfe der Besucher holen und bietet Einblicke hinter die verschlossenen Türen der Clubs. O-Töne von Clubinhabern, Musikern und Besuchern untermauern die Gefühlslage in Zeiten von Corona. Von Philipp Treudt.

ERHÄLTLICH BEI DER
BUCHHANDLUNG WALTHER KÖNIG
EHRENSTRASSE 4, 50672 KÖLN

ODER ONLINE UNTER
WWW.BUCHHANDLUNG-WALTHER-KOENIG.DE

#HANDFORAHAND

SOLIDARITÄTSFONDS FÜR FREIE BÜHNEN- UND TONTECHNIKER:INNEN, BELEUCHTER:INNEN, STAGE HANDS UND VERANSTALTUNGSHELFER:INNEN

Wegen der Corona-Pandemie wurden bislang mehrere hunderttausend Veranstaltungen in ganz Deutschland abgesagt. Demzufolge haben Freiberufler:innen, Solo-Selbstständige und Kleinstunternehmen im Kulturbetrieb massive Umsatzausfälle zu verkraften. Um die existenziellen Folgen abzufedern, haben Bund, Länder und Kommunen Soforthilfeprogramme in Milliardenhöhe aufgelegt. Leider erreichen diese Maßnahmen nicht alle in ihrer Existenz bedrohten Freiberufler:innen, die im Kulturbetrieb arbeiten. Unzählige fallen durch alle Hilfsraster und werden unverschuldet auf Grundsicherung (Hartz IV) angewiesen sein. Freie Bühnen- und Tontechniker:innen, Beleuchter:innen, Stage Hands und Veranstaltungshelfer:innen sind mit am stärksten betroffen und gleichzeitig unabdingbarer Bestandteil unserer kulturellen Infrastruktur. Sie brauchen jetzt schnelle, unbürokratische Unterstützung und Solidarität.
Aus diesem Grund haben wir #handforahand gegründet. Wir sind im Ursprung ein Verein für Junge Literaturvermittlung und sitzen in Köln. Marie Claire Lukas, Tanja Steinhoff und Dorian Steinhoff sind im Vorstand des Vereins. Gemeinsam mit Lisa Jaspersen (Veranstalterin aus Leipzig), Tilman Winterling (Rechtsanwalt aus Hamburg), Clara Ehrenwert (Autorin aus Leipzig), Till Reiners (Künstler aus Berlin) und Christine Brinkmann (Kulturplanerin aus Düsseldorf) wurde ein Auswahlgremium und die Vergabe entwickelt und monatlich umgesetzt.

WWW.HANDFORAHAND.DE

SPENDENKONTO:

IBAN DE98 3705 0198 1934 5889 61

Muss auch noch ins Buch:

CAMILLE KÖHLER

kommt in Büchern eher selten zu Wort. Darum gibt es in diesem Band zwar viel von ihr zu sehen – nur keine einzige Anekdote. Was auch gut ist, denn die 24-Jährige setzt Wörter lieber visuell in Szene, als sie zu verfassen. Auch auf oder hinter der Bühne findet man Camille eher selten (Letzes Bühnenerlebnis: 6te Klasse, Theater-Ag. Team Requisite). Die meiste Zeit verbringt die Studentin in ihrem kleinen Arbeitszimmer in Düsseldorf, wo schon einige Projekte ihre Anfänge gefunden haben. So zum Beispiel auch das Kochbuch „Geschmacksache Krefeld", welches die Kommunikationsdesignerin 2020 gemeinsam mit der Stadt Krefeld gestaltet hat.
Sie hat kein Twitter, dafür aber Instagram: @graphicamille

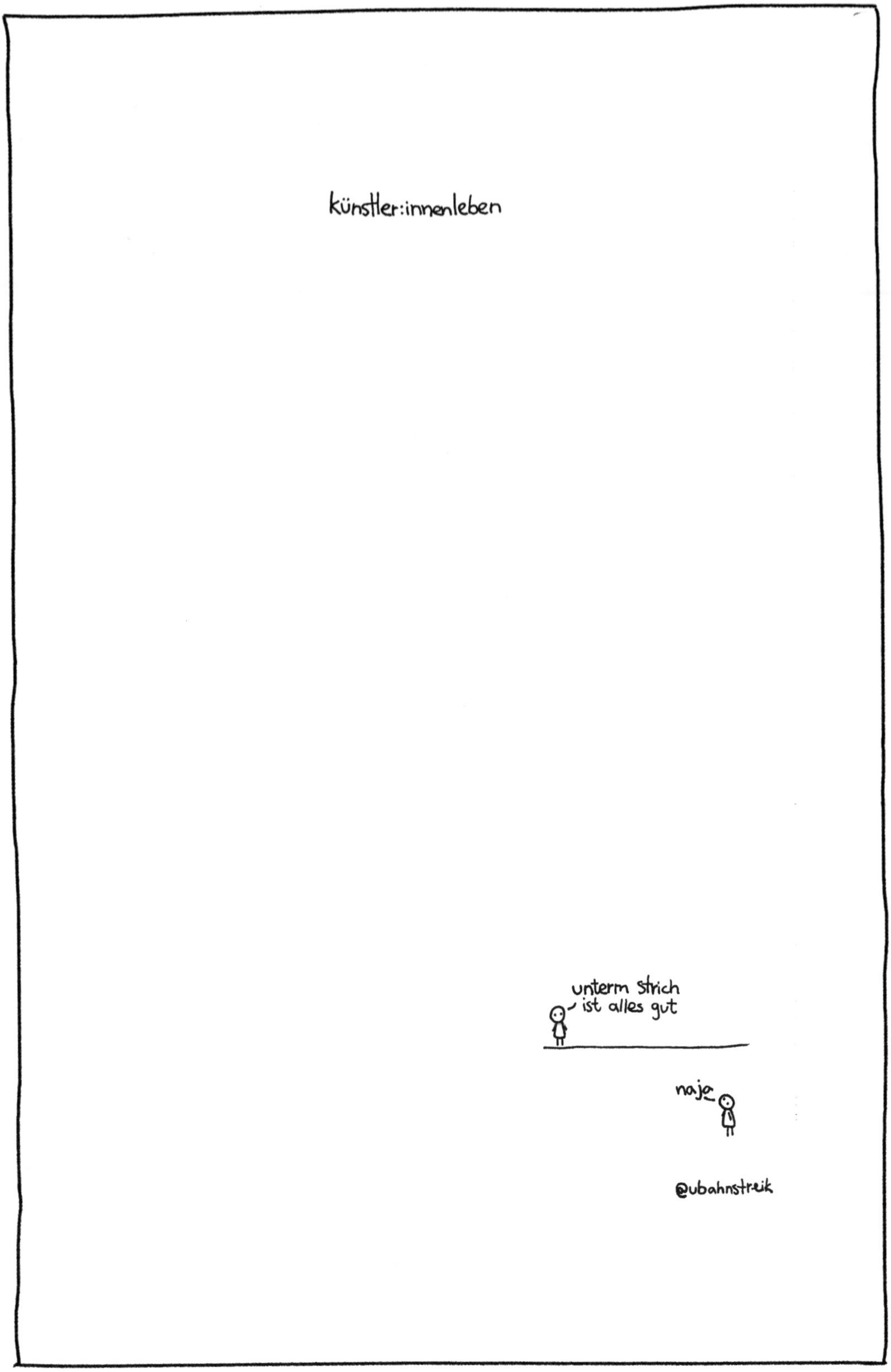
künstler:innenleben
unterm strich ist alles gut
naje
@ubahnstreik